성경을 **통通**으로 읽기

혼자 하는
렉시오 디비나 콘티누아

일러두기

- 성경은 한국 천주교회 공용 《성경》을 사용한다.
- 성경 읽기 기록(렉시오 디비나 콘티누아의 실천 방법 중 여섯째 단계인 '기록Scriptio') 노트는 따로 준비한다.
- 별책 《하느님과 함께 걸어온 여정》은 앞서 언급한 기록 노트와는 구분되는 것으로, 성경을 통으로 읽으며 일어나는 역동을 표시하고 확인할 수 있는 영적 작업 노트이다.

성경을 **통通**으로 읽기

혼자 하는
렉시오 디비나 콘티누아

최안나 지음

성서와함께

머리말

'성경의 땅'에 순례 가이드가 있듯이, 성경 속 세계에도 가이드가 있습니다. 저는 '성경의 세계' 가이드로서, 2004년부터 20년간 "성경을 통通으로 렉시오 디비나 하기"(성경 렉시오 디비나 콘티누아, 이하 '렉디콘')를 강의해 왔습니다. 그런데 혼자서도 렉시오 디비나를 할 수 있도록 도움을 주는 책이 필요하다는 주변의 권유가 있었고, 그 초대에 응답하여 이 가이드북을 쓰게 되었습니다.

저를 가이드라고 부르지만, 그 세계를 속속들이 다 아는 것은 아닙니다. 그저 긴 시간 그 세계를 두루 다녔고 지금도 다니고 있기에, 성경을 통으로 읽을 때 머물 수 있는 멋진 곳, 숨겨진 곳을 조금 알려 드릴 뿐입니다. 만나 보면 좋은 사람들도 소개합니다. 때로는 이 세계가 낯설어서 끝까지 가야 하는지 망설일 수도 있습니다. 그런 경우에도 흥미를 잃지 않고 끝까지 갈 수 있도록 난관을 통과하는 방법과 약간의 힌트를 주고, 큰 흐름과 이정표를 소개합니다.

성경의 세계에 들어가서, 보고 듣고 깨달으며 하느님을 찾아내는 일은 그 안으로 길을 떠난 길벗들의 몫입니다. 하느님을 알게 되는 문 하나를 열 때마다 자신을 아는 문도 하나씩 열립니다. 길벗들이 전 존재로 성경의 세계에 들어서고, 성경을 통으로 렉시오 디비나 하며 마음이 열려, 하느님을 만나고 자신을 만날 수 있기를 빕니다. 하느님 앞에서 인생길을 걸어가는(창세 17,1 참조) 복된 여정을 체험하기를 기도합니다. 무엇보다도 하느님의 말씀이 우리의 삶에서 이루어지기를 바랍니다.

이 책이 나오기까지 감사하고 기억해야 할 분이 많습니다. 우선 그동안 렉시오 디비나 콘티누아 성경 영적 여정을 함께 걸어 준 수도자, 평신도 길벗에게 감사합니다. 집필을 권유했던 수녀님, 요긴한 조언을 해 준 수녀님들에게 마음을 다해 감사드립니다. 보기 좋은 책으로 만들어 준 성서와함께 편집부에도 진심으로 감사함을 전합니다. 마지막으로 렉디콘 여정과 책을 쓰는 시간이 놓인 일상에서 크고 작은 도움을 주며 공감과 격려로 함께해 준 수도회 동료들에게 고마운 마음을 전합니다.

2025년 6월 27일 영원한 도움의 성모 축일에

최안나 스피리따 수녀

차례

머리말   4

I 렉시오 디비나 콘티누아를 하는 이유
1 목적과 뜻   12
2 효과   18

II 렉시오 디비나 콘티누아의 내용과 역동
1 구약성경에서 '보기'   22
    1. 오경과 역사서: 역사가의 시각   24
    2. 시서와 지혜서: 현인의 시각   28
    3. 예언서: 예언자의 시각   33

2 신약성경에서 '만나기'   37
    1. 복음서: 예수님 만나기   41
    2. 행전, 서간, 묵시록: 증인들을 만나고 초대하기   45

III 렉시오 디비나 콘티누아의 방법
1 준비   58
2 7단계 실천 방법   62
    1. 준비기도   62
    2. 읽기   64
    3. 생각하기   67
    4. 응답하기   79
    5. 관상하기   81
    6. 기록하기   83

7. 감사하기	84
종합	85
하느님과 함께 걸어온 여정	86

IV 렉시오 디비나 콘티누아 흐름의 개요

1 오경 … 91
1. 창세기 … 91
2. 탈출기 … 105
3. 레위기 … 108
4. 민수기 … 114
5. 신명기 … 117

2 역사서 … 119
1. 여호수아기 … 121
2. 판관기 … 125
3. 룻기 … 126
4. 사무엘기 상권 … 127
5. 사무엘기 하권 … 131
6. 열왕기 상·하권 … 133
7. 역대기 상·하권 … 136
8. 에즈라기 … 138
9. 느헤미야기 … 139
10. 토빗기, 유딧기, 에스테르기 … 139
11. 마카베오기 상·하권 … 141

나의 인생 여정 1 … 143

3 시서와 지혜서 … 144
1. 욥기 … 145
2. 시편 … 149
3. 잠언 … 151
4. 코헬렛 … 151

5. 아가	152
6. 지혜서	153
7. 집회서	153
나의 인생 여정 2	155

4 예언서 — 156

1. 이사야서	156
2. 예레미야서	159
3. 애가	159
4. 바룩서	160
5. 에제키엘서	160
6. 다니엘서	160
7. 호세아서	162
8. 요엘서	162
9. 아모스서	162
10. 오바드야서	162
11. 요나서	163
12. 미카서	163
13. 나훔서	163
14. 하바쿡서	163
15. 스바니야서	164
16. 하까이서	164
17. 즈카르야서	164
18. 말라키서	164
나의 인생 여정 3	165

5 복음서 — 166

1. 마태오복음서	166
2. 마르코복음서	168
3. 루카복음서	168
4. 요한복음서	170
나의 인생 여정 4	173

6 사도행전　175
1. 베드로와 사도들　175
2. 바오로와 사도들　176

7 서간　177
1. 로마 신자들에게 보낸 서간　177
2. 코린토 신자들에게 보낸 첫째 서간　178
3. 코린토 신자들에게 보낸 둘째 서간　178
4. 갈라티아 신자들에게 보낸 서간　179
5. 에페소 신자들에게 보낸 서간　179
6. 필리피 신자들에게 보낸 서간　179
7. 콜로새 신자들에게 보낸 서간　180
8. 테살로니카 신자들에게 보낸 첫째 서간　180
9. 테살로니카 신자들에게 보낸 둘째 서간　180
10. 티모테오에게 보낸 첫째 서간　181
11. 티모테오에게 보낸 둘째 서간　181
12. 티토에게 보낸 서간　181
13. 필레몬에게 보낸 서간　181
14. 히브리인들에게 보낸 서간　182
15. 야고보 서간　182
16. 베드로의 첫째 서간　183
17. 베드로의 둘째 서간　183
18. 요한의 첫째 서간　183
19. 요한의 둘째 서간　184
20. 요한의 셋째 서간　184
21. 유다 서간　184

8 요한묵시록　185

참고 도서　186
성경의 세계 연대표　187

I

렉시오 디비나 콘티누아를 하는 이유

1 목적과 뜻

우리는 성경을 읽는다. 통교하기 위해서, 생각하기 위해서, 하느님의 뜻을 알기 위해서 읽는다. 그리고 성경을 통해 나를 읽어 낸다. 신神이 읽으시는 나를 읽는다. 또한 하느님을 읽는다. 신을 알고 나를 알려는 것은 살기 위해서이다. 살아 보려고 성경을 읽는다.

성경을 통通으로 읽는다

먼저 성경을 통으로 읽는다는 것은 73권으로 이루어진 성경 전체를 신앙의 경전으로, 이 세상에서 단 하나이고 유일한 한 권의 책으로 이어 읽는다는 뜻이다. 그렇게 성경을 읽는 이유는 단 하나이다. 거기서 하느님을 만날 수 있기 때문이다. 인간이 신과 만날 수 있는 장場이기에 그곳으로 간다.

성경에는 하느님과 인간의 이야기가, 하느님이 인간에게 들려주시는 말씀이 담겨 있다. 보편적으로 모든 인류에게 내리는 말씀이자 살아 계신 하느님이 성경을 읽는 나에게 건네는 살아 있는 말씀이다. 성경의 '오늘'은 말씀을 듣고 읽는 이의 '오늘'이기 때문이다. 성경은 말씀을 듣는 이의 현재를 포함한다. "주님께서는 이 계약을 우리 조상들과 맺으신 것이 아니라, 오늘 여기에 살아 있는 우리 모두와 맺으신 것이다"(신명 5,3).

그러니 우리는 성경을 읽으며 하느님을 만나기를 원한다. 공정, 정의, 평화와 자비의 눈을 지닌 그분 앞에 있는 나를 보고자 한다.

"네 이름이 무엇이냐?"(창세 32,28; 참조 27,18: "너는 누구냐?"). 하느님이 물으신다. 곧 '나는 누구인가'라는 이 질문은 앞으로 가야 할 길을 위한 것이다. 나의 정체성에는 내가 살아온 나날이 담겨 있다. 내가 누구인지 성찰하고 살아온 시간을 돌아보며 우리는 인생을 재구성한다.

"어디에서 와서 어디로 가는 길이냐?"(창세 16,8). 현재 내가 서 있는 곳을 알고 앞으로 나아가기 위해서 과거를 돌아본다. 한 개인이 기억하는 지난 시간은 '팩트'의 재현이 아니다. 재구성되고 해석되는 것이다. 그렇게 될 때 나아갈 길의 방향이 결정된다. 이러한 과정을 잘 보여 주는 예가 요셉 이야기이다. 형들에 의해 이집트로 팔려 갔던 요셉은 유다에게서 형의 모습을 다시 발견했을 때(창세 37,16; 44,33-45,3 참조), 형들과 다시 관계를 맺고 살려는 마음으로 형들과 자신의 과거를 재구성한다. "우리 목숨을 살리시려고 하느님께서는 나를 여러분보다 앞서 보내신 것입니다"(창세 45,5).

나의 인생관이 무엇이고 지금 어떤 고민을 안고 있는지에 따라 같은 사건도 전혀 다른 의미로 재구성된다. 재구성은 단 한 번 혹은 단 하나로 끝나지 않는다. 과거는 부단히 또 여러 형태로 재구성된다. 오늘을 살며 내일을 생각하는 것은 희망을 그리고 삶을 기획하는 일이다. 관건은 '어떠한 맥락과 가치를 중심으로 과거를 재구성할 것인가'이다. 이러한 과정을 거친 과거는 현재를 규명하며 출발하는 지점

이 되고, 도약의 발판이 된다.[1]

'삶'의 의미, '나'라는 존재의 의미는 이 세상에서 내가 느끼는 그만큼일까? 세상이 나를 '취급하는' 그 정도가 내 존재의 무게일까? 우리는 막연하게 그렇지 않으리라 생각하지만, 사실은 좀 더 분명하게 확인하고 싶다. 성경을 읽으면서 성경이 말하는 인간관, 더 정확하게는 하느님이 인간을 어떻게 보시는지 알고자 한다. 그 범위 안에 인간의 의미가 있을 것이므로, 보편적인 인간은 물론이고 고유하고 독자적인 나에 대한 이야기도 들을 수 있다.

이렇게 성경 읽기는 하느님을 만나기 위해 그분을 만날 수 있는 곳을 찾아가는 행위이다. 알다시피 성경은 온전히 인간 세상의 책만은 아니다. 지상에 있고 내 손으로 집어서 펼 수 있는 대상이지만, 성령의 영감으로 쓰였으며 신의 목소리가 담겼기에, 준비 없이 그저 읽는 것만으로 성경 속에 들어가기란 쉽지 않다. 아브라함·이사악·야곱의 하느님이며 예수님의 아버지 하느님이신, 야훼 하느님을 나의 하느님으로 고백해야 한다. 그 믿음 위에 서서 하느님의 말씀을 들을 때 우리는 성경의 세계로 발을 내디딜 수 있다. 신에 대한 경외심을 품고 성경을 펼쳐 읽을 때는 조금 특별한 읽기 방법이 요구된다.

렉시오 디비나

'렉시오 디비나 lectio divina'는 라틴어로 '성경'을 '읽는다'라는 뜻이다. 따옴표를 붙인 이유는 이 말에 한글 단어의 뜻을 넘어서는 특별한 의

---

[1] '재구성' 이야기는 신영복의 유고집 《냇물아 흘러흘러 어디로 가니》(돌베개, 2017)를 참조했다.

미가 있기 때문이다. 먼저 렉시오lectio는 '모으다, 수집하다, 자세히 살피다, 눈여겨보다'를 뜻하는 라틴어 동사 레제레legere에서 나온 명사로 '독서', 곧 '주의 깊게 읽는 행위'를 나타낸다. 디비나divina는 '거룩한, 신성한'을 뜻하는 형용사인데 여기서는 명사화되어 '하느님의 말씀' 혹은 '성경'을 가리킨다. 이 두 단어를 합하여 렉시오 디비나는 고유한 '성경 읽기' 행위가 된다. 곧 신앙과 관련되어 '하느님의 말씀을 듣는 행위'인 것이다. 이는 온전히 육적(세상적) 차원을 넘어서 신앙의 차원, 하느님의 영역에 속한 일이다. 따라서 하느님과 대면하여 그분이 나에게 건네시는 말씀으로 성경을 대하는 것을 '렉시오 디비나'라고 한다.

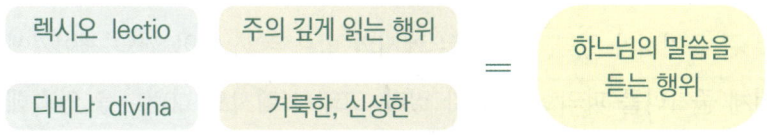

렉시오 디비나 콘티누아

렉시오 디비나가 성경을 읽는 방법이라면, 신구약 성경 전체를 읽을 때는 어떻게 하는가? 성경은 책 한 권으로 출판되어 있지만 내용은 크게 구약과 신약, 두 부분으로 나뉘고 73권으로 세분된다. 두껍고 방대한 책이다.

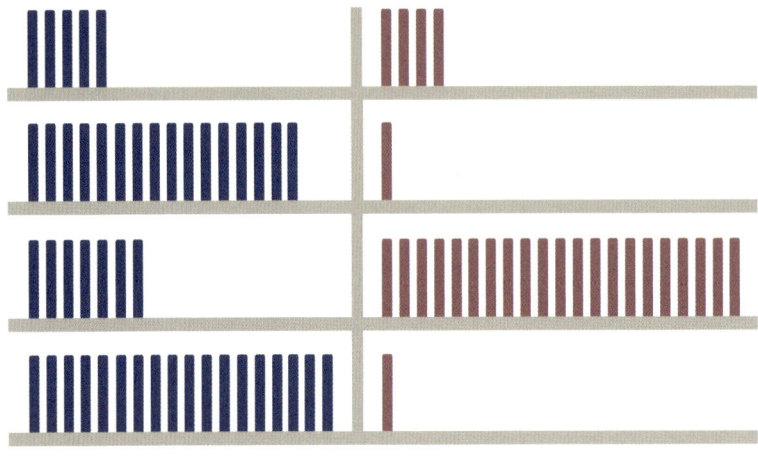

구약성경　　　　　　　　　신약성경

성경에는 첫 권 창세기에서 마지막 권 요한묵시록까지 전체를 관통하는 큰 줄거리가 있다. 한마디로 계시의 빛으로 쓰인 한 권의 책이기에 전체 줄거리를 파악할 필요가 있다. 그래서 렉시오 디비나를 연속해서 하는 것이다. 여기에 '이어진, 연속적인, 끊임없는'이라는 뜻을 지닌 라틴어 '콘티누아continua'를 붙여 '렉시오 디비나 콘티누아Lectio Divina continua', 줄여서 렉디콘(LDC)이라고 표현한다.

> 렉시오 디비나 콘티누아Lectio Divina Continua
> 성경을 연속적으로 집중하여 렉시오 디비나 하기

그렇다면 성경 전체를 관통하는 거대한 줄거리는 무엇인가? 바로 '구원사'이다. 이는 강력한 스포일러이지만, 사실 따지고 보면 스포일러라 할 것도 없다. 구원사가 무엇인지 알 길이 없기 때문이다. 구원사라는 단어는 한 존재가 담겨 그 의미를 해독하기 전에는 딱딱하고 건조하기 짝이 없어 도무지 매력이 느껴지지 않는다. 그러나 고유한 인간 존재가 일단 성경의 줄거리와 흐름을 타고 달리기 시작하면, 구원사는 생기를 띠고 빛을 발하고 결실을 내며 굉장한 매력을 발산한다.

2 효과

렉디콘은 성경을 읽으며 떠나는 말씀기도의 여정이자 말씀을 숙고하는 명상의 시간이다. 여기에서 우리는 성경의 세계에 펼쳐진 사건과 사람들을 만나며 시간과 공간의 체험을 공유한다. 이는 결국 하느님을 알고 나를 알게 한다. 따라서 렉디콘은 성경을 읽으며 그 말씀의 인도로 나의 현실 세계를 주님과 함께 걷는 과정이다.

렉디콘을 통해 일어나는 일

- ◆ 성경 안에서(in the Bible) 성경 말씀으로(with the Bible) 기도하며 하느님 안에서 자아 통합의 여정을 걸어갈 수 있다.
- ◆ 성령의 도움으로 내 안에서 움직이는 영적 동력을 성숙시켜 하느님 앞에서 그분과 함께 살아갈 수 있다(창세 17,1).
- ◆ 진정한 회개와 지평의 전환이 일어나 하느님 나라를 살 수 있다.
- ◆ 말씀을 귀담아들으면서 기도와 관상으로 말씀의 열매를 맺을 수 있다.

성경 전체를 통通으로 통統하면서, 온갖 종류의 사건과 사람들을 섭렵하는 공간을 거치고 다양한 시간 속을 순례하면서, 특히 좀 더 내적으로 나를 알아 가고, 그러면서 하느님을 더욱 알게 된다. 하느님을 만나고 알게 되는 만큼 자신을 알게 되고, 동시에 자신의 삶을 이해하고 통합하는 만큼 하느님을 알 수 있다.

    렉시오 디비나 콘티누아 동안 다양한 내적 작업이 이루어지고 하느님과 함께하는 삶을 체험하기에 이는 '성서 영적 여정'이기도 하다.

거룩한 말씀을

보고

듣고

깨닫게 하소서

행하게 하소서

II

렉시오 디비나
콘티누아의
내용과 역동

1 구약성경에서 '보기'

◆ ◆ ◆

구약을 통으로 렉시오 디비나 하는 동안에 일어나는 역동은 세 번의 '보기'를 통하여 확인된다. 성경의 세계에 등장하는 사람들을 세 가지의 다른 관점으로 보는 것이다. 이때 영적인 '다시 보기' 작업이 일어나는데, 그 역동 안에서 읽는 이는 정화되고 하느님의 빛을 받아 걸어가며 궁극에는 하느님과의 일치를 경험한다.

창세기로 시작하는 구약성경의 첫 다섯 권을 '오경'이라고 한다. 그다음 여호수아기부터 마카베오기에 이르는 '역사서'가 이어진다. 그 뒤에 지금까지 문체와는 전혀 다른 유형의 책들, 곧 욥기, 시편, 잠언, 코헬렛, 아가, 지혜서, 집회서가 나온다. 이는 격언이나 시가를 모은 책으로 '시서와 지혜서'라고 부른다. 끝으로 예언자 18명의 이름이 부여된 책들을 묶은 '예언서'가 있다.

구약성경을 렉디콘 하는 동안 독자는 세 번의 읽기, 곧 '보기'를 체험한다. 사람의 속내도 한 번 봐서는 알 수 없는데, 더군다나 하느님의 마음을 흘긋 본다고 알 수 있을까? 제대로 알자면 숙고하며 '다시 보기review'를 해야 한다. 그런데 성경을 통으로 읽다 보면 자연스럽게 다시 보게 된다.

구약성경은 내용상 세 가지 관점으로 짜였기 때문에, 적어도 같은 대상을 세 번 다른 시각으로 볼 수 있다. 첫 번째는 역사가, 두 번째는 현인賢人, 세 번째는 예언자의 시각이다. 이렇게 성경의 이야기를 읽고, 말씀을 듣는 동안 하느님을 알고 사람을 알게 된다. "너비와 길이와 높이와 깊이가 어떠한지 깨닫는 능력을 지니고, 인간의 지각을 뛰어넘는 그리스도의 사랑을 알게"(에페 3,18-19) 될 것이다.

역사서뿐만 아니라 오경도 역사가의 시각으로 볼 수 있는데, 사실 엄밀한 의미에서 오경은 역사서로 묶기에 적절하지 않다. 특히 창세 1-11장은 역사의 범주를 넘어서는 설화들이다. 다만 첫 자리에 놓인 창조 이야기로부터 구세사가 시작된다는 사실을 떠올리면, 오경을 포함한 의도를 이해할 수 있을 것이다. 곧 구세사의 첫 배경이 창세 1-11장에 소개되고, 그 이야기들은 자연스럽게 창세 12장의 아브라함에게로 이어지며 구체적인 여정이 펼쳐진다. 그다음 하느님의 함께하심은 이사악, 야곱에게로 이어지고, 이스라엘 열두 지파가 이스라엘 민족으로, 더 나아가 하느님 백성이 되는 데까지 이어진다. 이렇게 하느님이 이스라엘 민족과 함께하시는 동안의 가르침이 오경에 압축되어 있다. 이스라엘 민족의 여정은 이런 맥락에서 여호수아기에 자연스럽게 연결되며 시간적인 순서로 이어지기에 연대기적인 역사의 관점에서 읽어 나갈 수 있다.

'다시 보기'는 좀 더 의식적으로 렉디콘을 할 때 한층 명확해진다. 성경 내용만 다시 보는 것이 아니라 그들의 대화를 듣고 마음속 생각을 살펴보면서, 동시에 읽는 이의 삶 역시 거듭 다시 살핀다. 처음 읽을 때는 성경의 인물을 보고, 그다음에는 읽는 이의 내적 시각으로 자신의 삶과 존재를 함께 놓고 본다. 이처럼 성경 말씀에 '나' 자신을 비추어 보는 일은 자신의 삶을 다시 보게 한다.

'다시 보기'는 내적 생활과 기도 생활에서 매우 중요하다. '톺아보기'라는 말이 있다. '톺다'의 사전적 정의는 '무엇을 얻으려고 샅샅이 훑어보며 찾다'이다. 인간의 말과 글 속에서 하느님의 흔적을 찾으며 인간의 삶을 알아보려면 톺아볼 수밖에 없다. 물론 그것은 찬찬히 다시 보기를 통해 이루어진다. 집중해서 연속적으로 렉시오 디비나 할 때, 이러한 역동은 자연스럽게 일어난다.

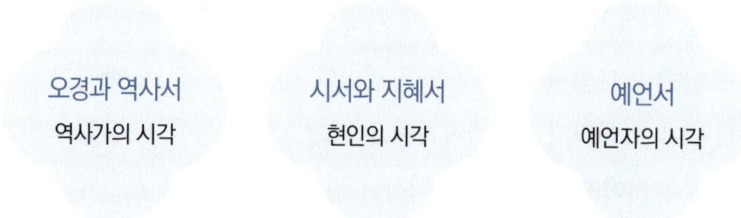

오경과 역사서
역사가의 시각

시서와 지혜서
현인의 시각

예언서
예언자의 시각

1. 오경과 역사서: 역사가의 시각

오경과 역사서의 책들에서 이스라엘 역사는 시간순으로 구성되었다. 그야말로 태초부터 원형이 되는 원시 역사(비역사적 이야기)가 먼저 나온다(창세 1-11장). 그다음 아브라함을 필두로 구체적인 인간의 삶(창세 12장 이하)이 나타나는 선사시대를 거쳐, 이스라엘 민족이 형성되고 나라가 시작되어 흥망을 거듭하며 마카베오기까지 역사시대가 이어진다. 성조 이야기부터 이스라엘 백성의 역사가 시간의 흐름에 따라 전개된다. 이 부분을 자연스럽게 역사가의 시각으로 읽으며, 그 안에서 '이스라엘'을 보고 듣고 알게 된다. 이스라엘의 시작과 마침을 이해하고 이스라엘 역사의 추이를 전체적으로 한 번 보는 것이다.

오경은 다섯 개의 경전을 뜻한다. 역사의 흐름에서 이스라엘이 민족 단위로 크게 성장하기 전까지 시조가 되는 중요한 인물들의 이야기를 담고 있음에도 불구하고 오경은 역사서에 속하지 않는다. 성경의 첫 자리에 위치한 이 다섯 권이 역사서의 배경을 설정할 뿐만 아니라 시서와 지혜서, 예언서에 담긴 내용의 기준과 방향도 제시하기 때문이다. 오경은 구약 전체의 근본 바탕이 되는 책이다. 유다인들은 오경을 '토라'라고 하는데, 이 말의 어원적인 뜻은 '가르침'이다. 율법은 토라를 번역한 말이다. 토라는 이스라엘의 정체성과 깊이 연관되며 생명의 길을 제시하는 원천과도 같다.

오경의 주요 인물은 이스라엘의 성조라고 불리는 아브라함, 이사악, 야곱이다. 이들에게서 열두 지파가 나와 이스라엘 민족을 이룬다. 이스라엘은 이미 한 민족으로 집단을 형성하지만, 이들은 아직 '광야 여정'에 있는 사람들이다. 오경에 나타난 광야는 성경의 인물들에게 특별한 의미를 지닌다. 광야는 이스라엘이 하느님을 만나는 장소이며, 하느님의 가르침을 듣는 장소이고, 하느님의 백성이 되어 가는 장소이다. 그래서 예언자들도 광야 생활을 자주 상기시키며, 야훼 하느님에게 순종하던 젊은 시절의 이스라엘을 묘사한다.

성경의 광야는 여전히 '오늘' 우리 삶에 내재한 광야를 보도록 초대하여 끊임없이 새로운 이야기를 만들어 낸다. 오경에는 하느님이 어떻게 인간과 관계를 맺으시고, 삶에 개입하시며, 구원을 이루시는지를 보여 주는 이야기로 가득하다. 그래서 오경은 통으로 성경을 읽을 때, 잊지 말아야 할 원형적 이야기로 여겨진다.

역사서는 우선 이스라엘 민족의 시작을 담고 있다. 곧 가나안 땅에 자리를 잡고 번성하는 이스라엘의 초기 역사를 두 부분으로 묘사한다. 하나는 이스라엘이 전쟁을 치르고 정착 생활을 하기 위해 땅을 분배받는 이야기이다(여호수아기). 다른 하나는 가나안 땅에 정착하여 주변 부족들과 섞여 살면서 수시로 전쟁과 위기를 겪으며 민족의 정체성을 확립해 가는 이야기이다(판관기). 전쟁 영웅 여호수아나 유명한 여성 판관 드보라 그리고 입타, 삼손 등이 등장한다.

판관 시대의 마지막 사람은 단에서 브에르 세바에 이르는 이스라엘을 풍미했던 사무엘이다. 그 뒤로 이스라엘이 왕정을 도입하여 국가를 이루는 과정이 나온다. 첫 임금 사울, 사울과 같은 시대에 소년으로 등장하여 명성 높은 장군이 된 다윗과 그가 사울의 질시를 받으면서 지도자로 성장해 가는 이야기가 펼쳐진다(사무엘기 상권). 사울의 사망 후에는 남북 이스라엘의 임금이 된 다윗 이야기가 집중적으로 다루어진다. 다윗의 삶은 이후 임금들이 따라 걸어야 할 길로 소개된다(사무엘기 하권).

솔로몬 임금 시기에 번성하던 나라는 이후 그의 후계자 시대에는 남 왕국 유다와 북 왕국 이스라엘로 갈라지며 숱한 풍파를 겪는다(열왕기 상·하권). 이어서 유다와 이스라엘의 내부 사정뿐만 아니라, 두 왕국의 운명에 큰 영향을 미치는 외세들도 소개된다. 두 왕국은 결국 아시리아, 바빌로니아 등 외세에 의해 멸망의 길을 걷는다. 사마리아로 지칭되는 북 왕국이 먼저 멸망하고, 마지막에는 남유다의 수도 예루살렘이 파괴되고 성전이 불타며 주민 대다수가 바빌론으로 유배를 가는 파국을 맞는다(기원전 587년).

이어지는 이야기에서는 구체적인 개인의 삶을 통해, 유배민의 비참한 현실과 지중해 연안 사방으로 흩어진 유다인(디아스포라)이 하느님 백성으로서 어떻게 자신들의 삶을 영위했는지를, 구체적인 개인의 삶을 통해 들려준다(토빗기, 유딧기, 에스테르기). 그들은 페르시아 치하에서 하느님의 특별한 섭리로 유배에서 50여 년만에 이스라엘 땅으로 돌아오나 이미 자리 잡은 이민족과 분쟁을 겪는다. 예루살렘 성전을 복구하고 다윗 도성 성벽을 보수하며(에즈라기, 느헤미야기), 다시 모인 유다인들이 헬레니즘 시대에 임금들의 지배를 받는 이야기(마카베오기)도 역사서에 담겨 있다. 역사서에는 1000-1200년에 걸쳐 전개되는 한 민족과 나라의 흥망성쇠가 펼쳐지고, 예수님 시대의 배경을 이루는 시대(기원전 2세기)까지 담겼다.

역사적 흐름을 읽어 내는 오경과 역사서의 렉디콘은 사람 사는 이야기, 사람과 함께하시는 하느님의 이야기를 시간순으로 보고 듣는 과정이다. 이때 줄거리와 요점을 파악해 가며 읽어야 한다. 이 첫째 읽기(보기)가 세 번의 '보기'에서 바탕을 형성한다. 이스라엘 백성이 겪은 삶의 변이變移와 역사는 중요하다. 이것이 성경 전체의 배경이 되기 때문이다. '나라, 백성'이라는 공동체로서 이스라엘은 성경에서 가장 중요하다. 그들은 역사의 흐름을 견인하는 핵심인 동시에 하느님과 가장 가까운 존재로, 하느님 앞에 선 인간의 태도를 가장 잘 보여 주는 인물상이다. 그들은 하느님께 충실하고 그분을 경외하기도 하지만, 불충한 모습으로 그분을 무시하는 듯 행동하기도 한다. 이스라엘은 공동체나 개인으로, 독자가 바라보고 본보기로 삼아야 할 모델로 제시되기도 한다.

요약하자면, 성경은 하느님이 선택하신 백성의 장대한 역사이다. 렉디콘을 하는 우리도 '보기'와 '듣기'를 통해 시간의 흐름 속에 있는 우리 인생을 함께 돌아본다. 성경 역사가의 시각으로 내가 체험하고 살아온 그 일을 크고 넓은 인생의 구도 안에서, 내 인생 전체에서 어떤 의미였는지 살핀다. 한 걸음 더 나아갈 수 있다면, 동시대 사람들의 삶의 흐름 속에서 내 인생도 보는 것이다.

2. 시서와 지혜서: 현인의 시각

마카베오기 다음에 욥기가 나오고, 같은 운문체인 시편이 이어진다. 역사서와는 결이 매우 다른 책들이다. 영고성쇠를 거듭하며 달려 온 인생의 흐름이 멈추고, 삶의 단면들이 클로즈업되어 눈앞에 펼쳐진다. 사건 자체가 서술되기보다는 그 사건 속에서 사람들의 속마음이 나타난다. 느낌, 생각, 깨달음으로 하느님을 알게 된 사람이 세상에서 살아가는 모습이 다양하게 그려진다. 사람이 무방비로 겪는 고통, 허무, 사랑, 희로애락, 한순간에 일어난 영적 체험 등 다양한 소재가 운문으로 표현된다.

성경은 인생의 속사정을 다룬다. 큰 단위의 사건·사고로 추려지는 굵고 단순한 흥망성쇠 안에 담긴 개인 삶의 편린들을 조용히 비춰 준다. 성경은 사람을 말한다. 사람 이야기를 한다. 성경은 하느님을 믿고 말씀을 따라 살면 다 행복하게 산다는 대원칙을 제시하고 침묵하지 않는다. 하느님의 뜻과 삶의 길을 들려주는 것으로 끝내지 않는다. 성경은 인간 현실이 그렇게 녹록지 않음을 알고 있다. 착한 이는 복을 받고 악한 이는 벌을 받는다고 말하지만, 이유 없이 고통당하고, 사는 동안 보상받지 못하는 의로운 삶이 있음을 보여 준다. 그렇다고 즉답을 제시하지도 않는다. 얽히고설킨 인생사가 그리 단순하지 않기 때문일 것이다. 성경은 때로는 성을 내고, 안타까워하고, 절망하고, 울부짖고, 질문하고, 청원하는 사람들의 목소리를 품고 있으며 그것을 다시 사람에게 들려준다. 하느님이 듣고 계심을 시사하기도 하면서 사람도 들어야 하는 소리라고 넌지시 알린다.

성경에는 인간의 현실이 담겨 있다. 성경은 허무에 대해 말하며, 인간의 무상함을 품는다. 인간이 걸어갈 길을 가르치나, 그 길이 곧게 뻗지도 않았으며 하나만도 아님을 전한다. 굽은 길도 있고, 곧은 길, 하늘길, 바닷길, 골짜기 길, 산등성이 길, 해안 길, 땅속 길, 샛길, 빠른 길, 느린 길 등 수많은 길이 있다. 이처럼 시서와 지혜서는 사람이 가야 할 다양한 길을 드러낸다.

시서와 지혜서의 말씀은 하느님이 사람을 찾으시고 품어 안으시는 자비와 사랑에 대한 노래이기도 하다. '하느님이 놓치지 않고 들으시는 인간의 목소리, 하늘을 기울여 바라보신 인간 삶의 모습이 바로 이것이다'라고 말하는 듯하다. 성경이 품은 인간 삶의 양태, 곧 하느님이 품으신 인간의 면모이다. 그렇기에 우리가 어느 길에 서 있든, 하느님은 우리를 이끄시어 각자가 걸어야 할 길로 들어서게 하신다.

시서와 지혜서를 렉디콘 할 때는 줄거리를 파악하고 핵심 내용을 찾기보다는 노래나 시詩를 즐길 때처럼 와닿는 단어와 구절을 음미하며 읽는다. 언어가 비추는 인생의 단면을 차분히 관조하는 것이다. 고통, 질병, 가난, 허무, 사랑, 성공, 처세, 혼인, 아내, 남편, 자녀 등 한 단어로 표현되는 삶의 한 지점을 깊이 들여다본다.

　시서와 지혜서의 운문들에는 여전히 이스라엘의 생활상이나 환경이 나타난다. 앞서 읽은 이스라엘 역사가 배경으로 펼쳐진다. 등장인물은 이전처럼 성경의 백성이고 이스라엘 사람들이다. 이스라엘 백성이 살아온 삶의 여정을 본다는 점에서는 역사서와 같지만, 여기서는 어느 한 지점을 깊이 응시한다. 이를 '현인의 시각'이라 부르는데, 이 대목의 많은 부분이 삶의 지혜를 말하며 객관화된 삶의 어느 순간을 관조하기 때문이다. 그러니까 삶을 '옳고 그름'이나 '시간'의 범주가 아니라 슬기, 현명함, 지혜, 경외심 같은 지혜의 관점에서 보는 것이다. 그리고 명예와 부가 삶의 목적이 될 수 없음을 진정으로 깨닫게 한다. 하느님이 생명을 주셨기에 우리는 살 수 있다. 하느님이 허락하신 날수만큼, 그분께 감사하며 그분 앞에서 기쁘게 걸어가야 한다.

　역사서에 이어 시서와 지혜서를 렉디콘 하며 자연스럽게 '두 번째 보기'를 실행한다. 성경 말씀에 비추어 자신을 보되, 연대기적인 눈이 아니라, 삶의 태도를 귀하게 여기는 지혜의 눈으로 인생의 깊이와 체험의 의미를 바라본다. 인생의 좌절이나 성공의 의미를 파악하며, 그때의 고통이나 사랑 혹은 성공에 맞닿아 있는 것들이 무엇이었는지를 깊이 성찰한다.

　다시 보기는 내게 각인된 삶의 한순간을 본래 크기로 보도록 도와준다. 인생 여정 전체에서 그 체험의 크기와 위치를 보고, 하느님의 사람으로서 그 의미를 보게 해 준다. 말하자면 기억에 각인된 삶의 한순간이 인생 전체를 지배하도록 내버려두지 않는 것이다. 크고 작은 기억들이 인생 여정에서 그 시절의 부분으로 제자리에서 제 크기로 평화로이 자리하게 하는 것이다. 그렇게 성경 말씀의 빛으로 나의 기억은 조화를 이룬다.

'다시 보기'에서 읽는 이의 기억은 중요하게 작용한다. 성 아우구스티누스에 따르면, 사람은 자신의 기억을 통해서 스스로를 파악한다. 우리는 자신이 한 일과 경험한 사건의 때와 장소를 기억하고 그때의 느낌을 기억한다. 사람의 기억에는 경험했던 일과 사람, 당시의 기분이나 감정이 모두 들어 있다. 그 안에서 사람은 자신을 발견한다. 성인이 말하는 기억memoria은 단순히 "과거의 일을 기억하는 것만이 아니라 의식, 무의식, 자의식의 전 영역"을 뜻한다.[2]

> 이런 일이 모두 내 안에서, 기억의 널따란 궁중에서 되는 일인 것입니다. … 내가 나를 발견하는 곳도 여기, 무엇을 언제 어디서 했던지도 여기서 되새기고, 했을 때의 감정이 어떠했는지도 여기서 되찾을 수 있는 것, 몸소 내가 겪고 믿고 한 모든 것이 여기에 있습니다.[3]

그러나 기억은 사실로만 이루어지지 않는다. 체험 당시 나의 지각과 판단을 바탕으로 형성된 정서가 이미 저장되어 있기 때문이다. 그래서 기억 속의 일들은 종종 치유되고 통합을 이루어야 한다.

하느님 말씀은 빛이다. 이 빛이 우리를 꿰뚫어 내면 깊숙이까지 다다른다. 하느님 말씀의 빛이 기억의 저장고인 무의식 깊은 곳까지

---

2 어거스틴, 《성어거스틴의 고백록》, 선한용 옮김, 대한기독교서회, 2003, 323쪽 참조.
3 A. 아우구스티누스, 《고백록》, 최민순 옮김, 바오로딸, 2023, 400쪽.

이르면 잊힌 기억이 떠오르기도 하고, 때로는 그런 과정 없이도 우리 내면(기억)을 서서히 치유하기도 한다. 하느님 말씀의 비추심이 치유의 효과를 내는 것이다. 빛의 힘은 대단하다. 햇빛이 추위로 굳어진 땅을 녹이고, 눅눅한 곳을 말리고 소독하듯 말씀의 빛은 내면을 정화한다. 성경 말씀은 읽는 이도 모르는 사이에 그의 내면 깊은 곳까지 뚫고 들어가 빛을 비춘다. 매일 일정한 시간에 말씀의 빛, 계시의 빛을 향해 자신을 열어 보이면, 곧 렉시오 디비나 콘티누아에 따라 인생을 바라보면(매일 1시간 정도 성경을 통으로 렉시오 디비나 하는 데 보통 8-9개월이 걸린다), 말씀의 빛이 자연스레 인생의 상처들을 치유하고 우리는 온전해진다.

"사실 하느님의 말씀은 살아 있고 힘이 있으며 어떤 쌍날칼보다도 날카롭습니다. 그래서 사람 속을 꿰찔러 혼과 영을 가르고 관절과 골수를 갈라, 마음의 생각과 속셈을 가려냅니다"(히브 4,12). 이처럼 사람 속으로 침투하는 성경 말씀의 능력이 우리를 치유하지 않겠는가! 지혜로운 혀가 아픔을 낫게 한다면(잠언 12,18) 하느님의 말씀은 더더욱 그렇지 않겠는가! "지혜는 혼자이면서도 모든 것을 할 수 있고 자신 안에 머무르면서 모든 것을 새롭게 하며 대대로 거룩한 영혼들 안으로 들어가 그들을 하느님의 벗과 예언자로 만든다"(지혜 7,27).

3. 예언서: 예언자의 시각

지혜를 말하는 현인과 동행하듯 집회서 말씀까지 경청하고 나면, 이사야서라는 예언서를 만나게 된다. 그리고 예레미야서, 에제키엘서 등 예언서가 연이어 나타난다. 예언자 18명의 이름을 붙인 예언서들이다. 이 방대한 예언서는 이스라엘 백성의 역사를 배경으로 구성된다. 예언서에서 이스라엘의 역사는 눈에 띄게 언급된다. 왕정 시대가 주된 배경이긴 하지만, 광야 시대도 소환되고, 두 왕국 모두 몰락한 유배 시대와 유배 이후 시대 역사도 기저에 흐른다. 우리는 당시 사건을 예언자들의 목소리로 전해 듣는다.

예언서와 역사서 모두 같은 배경과 인물이 등장하지만 확실한 차이점도 있다. 역사서가 주로 땅에서 일어나는 일과 사람의 행위를 다룬다면, 예언서는 당시 역사적 사건에 대한 하느님의 시각을 전한다. 그래서 예언서에는 '한편 천상에서는'이라는 표현이 보인다. 예언자는 앞일을 내다보고 알아맞히는 사람이 아니다. 그는 하느님이 선포하도록 맡기신 말씀을 받아 전하는데, 여기에는 과거와 현재뿐만 아니라 다가올 일에 대한 말씀을 포함한다.

이스라엘의 역사와 구약의 흐름 안에서 예언서를 렉시오 디비나 할 때 예언자가 전하는 하느님의 말씀에서 당시 상황을 알게 된다. 말하자면 지상의 일에 대한 하느님의 뜻, 계획 같은 것이다. 그래서 예언자들이 전하는 하느님 말씀에 담긴 과거나 미래는 그들의 현재를 명확하게 반영한다. 동시에 예언서를 신약으로 열린 흐름 안에서 렉시오 디비나 하면, 하느님의 '약속'뿐만 아니라 그 약속이 예수 그리스도에게서 '성취'됨을 읽어 낼 수 있다. 하느님이 '예고'하신 희망과 구원이 그리스도에게서 '완성'된다.

이렇게 예언서를 렉디콘 하며 이스라엘 백성의 삶을 세 번째로 보는 것이다. 곧 성경 속 사람들의 삶 옆에 나의 삶을 놓고, 역사가와 현인의 시각에 이어, 이번에는 예언자의 시각으로 다시 본다. 바로 나의 현실을 명확하게 살피기 위함이다. 내가 겪은 그 일에 숨겨진 하느님의 섭리는 무엇이었을까? 그 일에 연관된 사람들의 상황은 어땠을까? 그 사건에는 어떠한 과거와 미래가 포함되어 있을까? 그래서 지금 나의 삶에는 어떠한 모습의 과거와 미래가 담겨 있을까? 인간은 허욕에 들떠 한 치 앞도 못 보고, 때로는 자의식에 사로잡혀 눈앞이 어두워진다. 과거와 미래를 담은 이 현실은 눈앞의 일도 제대로 보지 못하는 얕은 식견이 아니라, 혜안慧眼으로 통찰할 수 있다.

예언자의 가장 중요한 메시지는 '열린 미래'에 대한 '하느님의 약속'이다. 바로 희망과 구원이 충만한 완성이다. 우리는 아직 지상 여정을 걷는 중이다. 야훼 하느님의 약속과 예고는 예수 그리스도에게서 성취되고 완성되었기에, 렉시오 디비나를 하며 그분을 만날 때 우리는 그것을 확인할 수 있다. 예언서에서 인간의 죄와 어둠에 대한 엄중한 경고를 들을 것이고, 죄에서 벗어나는 길과 결정적인 허점을 안고도 계속 걸어가는 법을 배울 것이다. 이렇게 예언서를 렉시오 디비나 하면서 예리한 눈으로 인생을 다시 본다.

이스라엘의 다양한 시대를 다시 한번 조명하기에 예언서는 방대하다. 예언자들은 그중에서도 이스라엘이 겪은 가장 큰 트라우마이자 파국의 절정인 예루살렘의 멸망과 회복을 다각도로 살핀다. 아무래도 하나의 관점으로 풀어내기에는 너무도 큰 사건이기 때문이다. 이러한 시도가 우리에게는 한 줄기 빛과 위로가 된다. 예언자들의 메시지를 글자 그대로 진리로 여기기보다는 말과 표현의 한계를 인정하고 여러 해석이 있음을 염두에 두고 균형 있게 보라는 말로 들리기 때문이다. 또한 사람의 특별한 체험을 한마디로 설명할 수 없다는 점을 알아주는 것 같다.

이 순서에 따라 구약성경을 읽으면 이스라엘 백성의 모습에서 자꾸 엇나가는 기질을 발견하게 된다. 잘 생각해 보면 우리 역시 다르지 않다. 이 굴레에서 해방되어 자유로워지려면 강력한 무엇이 있어야 하지 않을까? 어찌할 수 없는 한계를 벗어날 힘, 아니면 그 한계를 다루거나 적어도 수용할 힘 말이다. 이스라엘 백성은 하느님에게서 오는 무언가 혹은 누군가가 필요했다. 이런 맥락에서 그리스도를, 하느님 약속의 의미를 헤아릴 수 있다. 곧 구원과 해방의 약속, 메시아의 약속이다.

예언서까지 통으로 렉시오 디비나 하면서 통찰의 힘은 크게 자란다. 성경에서 '알다'(히브리어 야다 *yadah*)는 지적 앎이 아니라 체험적 앎을 가리킨다. 통찰한 내용이 행동으로 이어져 몸과 삶에 견고하게 자리 잡기까지 우리는 쉼 없이 나아가야 한다. 하느님을 믿는 사람으로서 그 안에 형성되는 인품은 긴 시간에 걸친 부단한 노력으로 이룰 수 있다. 계속 실행할 동력을 얻기까지, 결정적인 그 무엇을 만나기 위해 우리는 계속 나아가야 한다. 다행히도 메시아, 그리스도에 대한 기다림이 이스라엘 백성, 유다인이 아닌 우리에게도 자리 잡기 시작했다. 그리스도가 오시면 모든 것을 환히 밝혀 주고 풀어 주리라 희망하며 신약의 장으로 넘어간다.

2 신약성경에서 '만나기'

◆ ◆ ◆

구약에 이어 신약성경을 렉시오 디비나 콘티누아 하면 '예수님과의 만남'에서 치유, 용서, 통합의 역동을 체험한다. 앞서 세 번의 '보기'를 통한 영적 여정은 예수님과의 만남으로 심화 단계로 들어간다. 빛이며 생명이고 길이며 목자이신 주님을 만나면 자비로운 그분의 눈빛으로 사람은 용서받고, 치유되고, 통합되어 일어나 걷게 된다. 다시 살게 되며 해방되고 구원받는다.

렉디콘의 역동은 복음서에서 예수님을 만나 절정에 이른다. 그동안 성경 속 사람들이 살아온 역사를 듣고 그들의 체험과 하느님 인식에 초점을 맞추어 렉시오 디비나를 하며 여기까지 왔다. 이제 생각지도 못한 완전히 새로운 장이 펼쳐진다. 하느님이 사람이 되시어 우리와 함께 머무시는 세상이다. 이곳에서 하느님의 말씀을 듣는 우리 안에 치유와 용서, 통합이 일어난다.

"처음부터 있어 온 것, 우리가 들은 것, 우리 눈으로 본 것, 우리가 살펴보고 우리 손으로 만져 본 것, 이 생명의 말씀에 관하여 말하고자 합니다. 그 생명이 나타나셨습니다. 우리가 그 생명을 보고 증언합니다. 그리고 여러분에게 그 영원한 생명을 선포합니다. 영원한 생명은 아버지와 함께 계시다가 우리에게 나타나셨습니다"(1요한 1,1-2). 하느님의 아드님과 인간의 직접 친교가 가능해졌다. 사람이 되신 하느님은 사람과 새 계약을 맺으시고(루카 22,20; 1코린 11,25), 새로운 관계를 형성하시어 우리의 치유자이며 목자, 스승이 되시고 그리스도 주님이 되어 주셨다. 우리는 렉디콘의 여정에서 이분을 만나고자 한다.

하느님과 노아가 맺은 계약, 아브라함과의 계약, 시나이 계약을 중심으로 이어 온 구약 이야기는 하느님이 사람이 되신 사건, 곧 예수 그리스도의 탄생으로 전혀 다른 국면을 맞는다. 곧 그리스도의 삶과 죽음과 부활을 통해 새로운 계약이 성립된다.

신약 이전에는 성조와 예언자 같은 하느님의 사람들을 통해 하느님의 말씀이 전해지고 그분의 계획과 뜻이 알려졌으나, 이제는 사람이 되신 하느님이 직접 말씀하신다. 태초부터 계시던 '말씀'이 우리 가운데 거하시고, 우리와 함께 걸으시며 가르치시고 몸소 행동하신다. 이제 우리는 '보고 들을' 뿐만 아니라, 예수 그리스도를 '만날' 수 있다. 렉시오 디비나의 역동이 급물살을 탄다.

말라 3,24로 구약이 끝나고, 마태오 복음사가가 전해 주는 예수 그리스도의 이야기가 28장에 걸쳐 펼쳐진다. 마태오는 '다윗의 자손이시며 아브라함의 자손'이신 예수님의 족보로 복음서를 시작한다. 마르코, 루카, 요한 복음사가도 각각 예수님의 이야기를 한다. 이렇게 신약성경의 첫 자리에 네 복음서가 있다. 복음사가들은 예수님의 특징을 고유하게 그려 낸다. 그들은 서로 다른 시간과 장소에 있는 청중/독자에게 각기 다른 시각으로 예수님을 전했다. 듣는 대상과 집필 시기에 따라 강조점과 표현이 다르지만, 예수 그리스도에 대해 이야기한다는 점은 동일하다.

'오늘' 우리는 이 네 복음서를 통으로 렉시오 디비나 하며 예수님에 대한 종합적인 정보를 얻을 것이다. 무엇보다도 이를 통해 다양하고 풍요로운 방식으로 예수님을 만나는 기쁨을 누리고자 한다. 마태오, 마르코, 루카복음서의 줄거리는 매우 비슷하다. 모두 예수님의 주요 활동을 다룬다. 그러나 분명히 차이도 있다. 특히 요한복음서는 더 많이 다르다. 복음사가들이 예수님의 이야기를 저마다 얼마나 다르게 구성하는지 다음 네 가지를 통해 알아보자.

성경은 예수님 이야기를 '복음서'라고 선언했다. 곧 예수님의 이야기가 '기쁜 소식'이다. 그 내용을 듣고 해독하기 전에 그 자체로 우리에게 '기쁜 소식'이고, 이는 가장 큰 메시지다. 복음서를 읽는 출발점은 여기다. 좋은 소식, '기쁜 소식'인 이 네 복음서를 렉디콘 한다. 하지만 네 복음서를 모두 읽어야 할까? 요한 복음사가는 '예수님의 이야기가 너무 많아 그분이 하신 일을 낱낱이 다 기록하면 온 세상이라도 그 기록된 책들을 다 담아내지 못할 것'(요한 21,25)이라고 말한다. 곧 예수님 이야기를 하나로 엮어 낼 수 없다는 것이다. 사실 이 점은 전적으로 복음서를 읽는 우리의 입장을 고려한 말이기도 하다.

수많은 사람 속에 한 사람을 놓고 보면 그에게 특별함을 느낄 수 있을까? 그는 나고 자란 곳의 관습에 따라서 평범한 일상을 고만고만하게 살아가며, 별일 없다면 평균 수명에 따라 생을 마감하는 존재에 불과하다. 그러나 한 개인의 삶을 깊이 들여다보면 그는 결코 다른 이와 대체할 수 없는 고유하고 독자적 존재임을 발견하게 된다. 사람은 저마다 매우 다양한 면모를 지니고, 그 생각과 속내는 알아차리기 어렵다. 얼핏 비슷해 보여도 똑같이 사는 사람은 없다. 저마다 개성 있고 고유한 삶을 산다.

한편, 사람은 자기 자신을 잘 모른다. 자신이 진정 무엇을 원하는지도 알지 못하고, 어떤 길을 선택해야 내 삶에 유익한지도 분별하지 못한다. 속내는 복잡하고 눈은 흐리다. 바오로 사도의 말대로 자신이 원하는 것을 하지 않고 오히려 싫어하는 것(로마 7,15)을 하는 모순된 존재이다. 우리는 하느님께 기도하고 예수님 만나기를 바라지만, 실제로는 그런 소망조차 모호하고 미묘하다.

네 복음서의 증인들은 이런 우리에게 길을 열어 준다. 예수님을 뵙기를 원하지만 어떻게 다가가야 하는지 모르고, 더욱이 바로 앞에 계시거나 옆을 스쳐 지나가도 알아채지 못하는 우리에게 기회를 제시한다. 범례가 다양할수록 우리에게는 더 많은 기회가 된다. 예수님을 만난 증인들을 통해 그분이 계실 만한 곳, 그분의 현존을 알아볼 수 있는 실마리를 찾아간다. 그러니 네 복음서에는 신과 소통할 길이 다양하게 놓여 있다. 그분을 만나면 모든 것이 투명하고 명료해진다. 그분 앞에서라면 온전한 자기 자신으로 있을 수 있다. 이미 하느님은 공들여 만남의 장을 마련하고 계신다.

신약에서는 '보기'가 조금 다르게 진행된다. 이제는 예수님을 만나는 성경의 인물들을 따라다니며 옆에서 보는 것만이 아니라, '나'도 예수님을 만난다. 복음서를 통으로 렉시오 디비나 한다는 것은 '보기'를 넘어서는 '만남'이다. 그리스도라고 하는 메시아, 그분을 만나면 그분이 모든 것을 우리에게 알려 주신다. 눈이 열리고 마음이 열리고 그분의 말씀을 알아듣게 된다. 그분은 우리에게 "나에게 바라는 것이 무엇이냐" 하고 물으실 것이다(루카 18,41; 1열왕 3,5). 우리는 말씀드리면 된다. 예수님은 응답해 주신다. 성경의 인물들처럼, 우리도 치유되고 용서받고 구원받는다. 곧 나 자신과 화해하고 통합되며 이웃과 화해하고 함께 울고 웃을 수 있다.

1. 복음서: 예수님 만나기

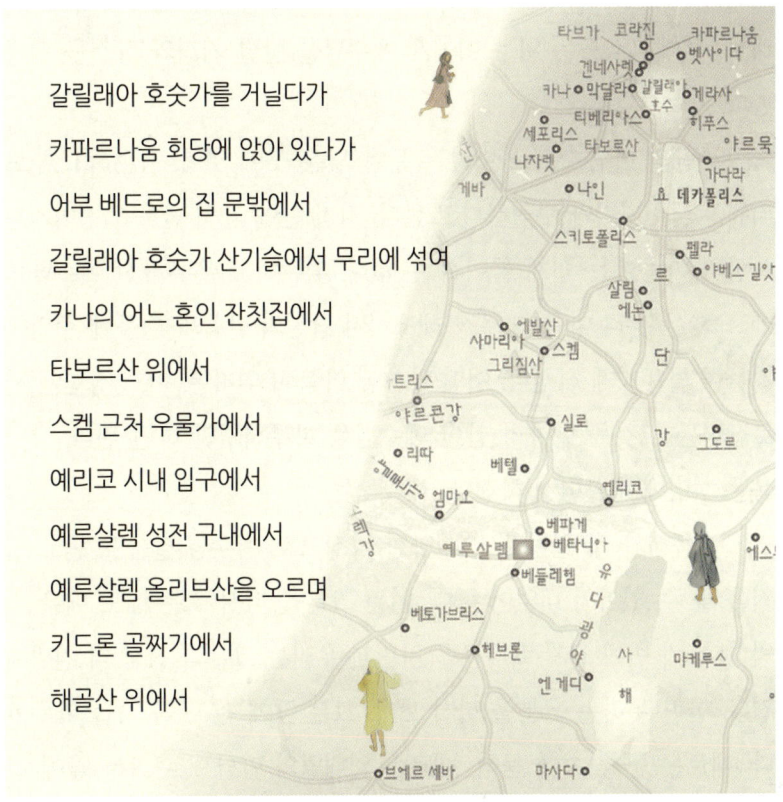

갈릴래아 호숫가를 거닐다가
카파르나움 회당에 앉아 있다가
어부 베드로의 집 문밖에서
갈릴래아 호숫가 산기슭에서 무리에 섞여
카나의 어느 혼인 잔칫집에서
타보르산 위에서
스켐 근처 우물가에서
예리코 시내 입구에서
예루살렘 성전 구내에서
예루살렘 올리브산을 오르며
키드론 골짜기에서
해골산 위에서

사람이 되시어 사람들 가운데 함께 사신 하느님 이야기(복음서)는 사람에게 열린 하느님과의 만남의 장이다. 네 개의 장이 열려 있고, 각 장은 고유하고 특색 있게 꾸며졌다. 렉디콘을 하며 그 장에 머물고 거닐면 예수님의 고유한 모습과 그분을 만난 숱한 사람을 볼 수 있다. 무수한 에피소드가 복음서 갈피마다 빼곡하다. 예수님의 공생활 여정이 큰 줄기를 이루기에 그분이 직접 하신 말씀을 듣지만, 그분이 만난 사람들도 많은 이야기를 들려준다. 예수님의 말씀이 한 사람에게 내려앉아 생긴 일들이 우리에게 그 의미를 명확하게 드러내 준다. 그래서 각 에피소드는 읽는 이에게 예수님을 만날 기회와 장소를 제공한다.

사람의 마음으로 들어가는 문은 낮은 곳에 있어, 겸손하고 부드러워야 들어가기가 수월하다고 한다. 자기 안에 갇혀 남을 업신여기는 사람의 마음에는 쉽게 들어갈 수 없다. 겸손하고 온유하신 예수님(마태 11,29)은 우리 마음을 무장 해제시켜 당신의 말씀과 행동에 주의를 기울여 몰두하게 하신다. 어떤 말씀에 마음이 열리든, 어느 장면에 사로잡히든 그것을 실마리 삼아 예수님을 마주하기만 하면 된다. 그다음은 성령께서 알아서 하신다.

복음서가 네 권이라서, 다양한 양상으로 예수님 말씀을 듣고 행적을 볼 수 있어서 더없이 좋다. 이는 그분을 다시 보는 데도 매우 유익하다. 네 번에 걸쳐 렉디콘을 하면서 우리는 그분과 점점 더 친밀해진다. 한편 우리는 그분을 다시 보며, 그분 앞에 선 나를 거듭 마주한다. 때로는 군중 속에 묻혀, 때로는 일대일의 만남으로 그분 앞에 선 나를 보는 것이다.

이 세상을 살며 내세울 것이 없더라도, 나에게는 나만이 아는 그리고 하느님만이 아시는 고유하고 특별한 부분이 있다. 성격이든, 취향이든, 출신이든, 살아온 삶의 궤적에서 연유한 것이든, 언제 생겼는

지도 모르지만 나를 '나 자신'이게끔 하는 부분, 고유한 내가 있다. 나와 비슷한 사람이 그분 앞에 나서는 모습을 보면 나도 용기가 날지 모른다. 내게는 취약한 면도, 강한 면도 있다. 예수님이 내 긍지의 창을 통해 나를 보실지(요한 1,47-48; 3장), 내 아픔의 창을 통해 보실지는(요한 4장) 알 수 없다. 분명한 것은 복음서들은 내가 예수님을 만나도록 끊임없이 다각도로 주선하고 있다는 사실이다.

이것이 렉디콘을 하는 최종 목적이다. 예수님과의 만남, 기다리던 그리스도를 만나는 일. 그분 앞에서 나는 비로소 내가 되고 주님의 길 위에 놓인 내 인생길을 걷게 된다. 성 아우구스티누스는 '말씀을 들음'과 '자기 인식'이 연결됨을 알려 준다.

> 나를 아시는 분이시여, 내가 당신께 알려졌음같이 나도 당신을 알았으면 싶사옵니다(1코린 13,12).[4]

> 사람의 속은 그의 안에 있는 사람의 얼밖에(1코린 2,11) 그 누구도 아는 이 없거늘 그게 참인지 아닌지를 도대체 무엇으로 그들이 알 수 있겠나이까? … 사실 자신에 대하여 당신 말씀을 듣는 것이 바로 '나'를 인식하는 것이오니….[5]

다채롭고 풍요로운 자기 인식과 통합은 자신에게 유익하다. 인생길에

---

4 A. 아우구스티누스, 앞의 책, 383쪽.
5 같은 책, 385쪽.

서 어느 한 구간만이 아니라, 하느님을 아는 사람으로서 긴 여정을 걸을 때 도움이 된다.

- ◆ 내가 외쳐 부르는 소리를 그분이 들으시고 걸음을 멈추어 제자들에게 나를 데려오라고 하실 수도 있다(루카 18,35-40 참조).
- ◆ 군중에 섞여 먼발치에서 그분 옷자락에 손을 대 보려고 하는 나를 그분이 돌아보실 수도 있다(마태 9,19-22 참조).
- ◆ 손이 오그라든 채로 눈에 띄지 않는 뒷자리 구석에 앉아 있는 나를 그분이 불러내실 수도 있다(마르 3,1-5 참조).
- ◆ 사람들 눈을 피해 다니는 내게 물을 달라고 청하며 먼저 말을 건네어 나에게 희망이 샘솟게 하실 수도 있다(요한 4,4-29 참조).

예수님을 만나면 된다. 그다음은 그분이 알아서 하신다. 그러면 우리는 삶을 다시 살 수 있다. 기쁜 소식인 그분은 제일 먼저 내게 기쁜 소식이 되신다. 네 복음서는 내게 그 길을 열어 주고, 여러 양상의 희망을 제시하며, 내 손을 잡아 준다. 그래서 나는 희망 속에 다시 힘차게 걷기 시작한다. 새롭게 인생길을 걷는 것이다.

바로 앞에서 예수님을 만난 사람 중에 최고의 인물들을 만났다. 놀랍게도 복음서는 예수님을 만난 후 다른 이들을 섬기기 위해 한 걸음 더 나아간 이들을 소개한다. 바로 예수님의 제자들이다. 그들은 예수님이 부활하고 승천하신 후 이 세상에서 그분이 하시던 일을 계속하라는 사명을 받는다. 사람들을 그리스도께로 이끌고(마태 4,19-20),

하느님의 뜻을 실행하고(마르 3,33-35), 서로 사랑하여 자신들이 예수님의 제자임을 드러내어(요한 13,33-34) 세상에 하느님 현존의 자취를 남기고, 돌아와서는 형제들의 힘을 북돋아 주고(루카 22,32), 죄의 용서를 위한 회개를 그분의 이름으로 모든 민족에게 선포하는(루카 24,47) 일이다.

네 복음서 모두 '열두' 제자를 중요하게 다루지만 '제자'라 일컫는 사람은 조금씩 다르다. 루카복음서와 요한복음서에서는, 갈릴래아에서부터 그분을 따른 여성들까지 제자의 범위가 확장된다(루카 8,1-3; 23,49.55; 요한 11,27).

2. 행전, 서간, 묵시록: 증인들을 만나고 초대하기

① 사도행전

사도행전은 사도들의 행적을 기록한 책이다. 제자들은 담대하게 예수님을 증언하며, 이들의 활동에는 힘이 넘치고 생기가 가득하다. 건강하고 밝다. 그 무리에 섞여 같이 다니고 싶은 마음이 들기도 한다.

예수님을 만나 기념비적 체험을 한 사람 중에는 예수님의 부름을 받고 그분을 따르며 동행한 제자가 있다. 예수님은 밤을 새우며 하느님께 기도하시고 제자 열둘을 뽑으셨다(루카 6,12-16; 마태 10,1-4; 마르 3,13-19). 그 후 유다의 배반으로 1명 결원이 생기자 예수님 일행과 줄곧 동행한 이들 가운데서 제비를 뽑아 마티아(사도 1,21-22)를 선출하니 그가 열한 제자와 함께 사도가 되었다. 열두 사도는 예수님의 증인들, 곧 죄의 용서를 위한 회개를 예수님의 이름으로 모든 민족에게 선

포함 증인들이다(루카 24,46-47; 사도 2,22-32).

사도행전 1-14장에는 베드로 사도를 중심으로 활동하는 제자들의 증언과 주요 사건이 나온다. 15장부터는 바오로 사도가 중심이 된다. 그는 지중해 주변을 종횡무진하며 선교 여행을 다닌다. 사도행전에서 예수님의 제자들과 사도들은 담대하고 영으로 가득 차 있다. 복음서에서 보던 모습은 찾아볼 수 없다. 그들은 부활하신 예수님을 체험하고 성령으로 가득 차서 그분을 증언한다.

군중 앞에서 담대하게 예수님 이야기를 하는 베드로의 목소리를 들어 보라(사도 2,14-36). 기도 시간에 맞추어 성전으로 올라가는 베드로와 요한을 눈여겨보라. 성전 앞에 앉아 구걸하는 장애인에게 베드로는 '나는 은도 금도 없지만 내가 가진 것을 주겠습니다. 나자렛 예수님의 이름으로 말하니 일어서시오'라고 듬직하고 믿음직하게 말한다. 그가 내민 손을 상상해 보라(3,1-8). 감옥에 갇혀서도 불안해하거나 떨지 않는다. 종횡무진 누비고 다니는 베드로와 요한을 보라. 예수님의 이름으로는 말하지도 말고 가르치지도 말라는 최고 의회의 위협 앞에 하느님 말씀을 듣는 것보다 여러분의 말을 듣는 것이 옳은 일인지 스스로 판단해 보라고 맞선다. 자신들은 보고 들은 것을 선포하지 않을 수 없다고 담대히 말한다(4,18-20). 베드로는 놀라울 정도로 달라졌다. 겁 많고 우유부단했던 그는 부활하신 예수님을 체험한 뒤 완전히 변했다. 이는 베드로의 서사를 알고 있는 우리에게 희망을 준다.

제자들의 증언을 들으며 우리는 예수님을 더 깊이 알게 된다. 그리하여 우리 마음에 예수님이 가르치신 길을 따를 힘과 희망이 샘솟는다. 성령의 활동도 목격하고, 성령의 인도를 청하게 된다.

이제 생기 넘치는 렉디콘의 줄거리는 우리 내면을 통과한다. 무덤덤하게 다가온 '나의 구원사'라는 말이 눈부신 빛을 발하며 생명의 물을 실어 나른다. 일상이 그 물에 실려 흐르고, 우리는 시냇가에 심어진 나무인 양 제때에 열매를 내며, 하는 일마다 잘되어 결실을 맺는다(시편 1,3). 이처럼 '보기'와 '만남'은 실천적인 삶(행동)으로 이어진다. 이제 살펴볼 성경은 그 본보기를 제시한다.

② 서간

렉시오 디비나 콘티누아의 거의 마지막 구간에 들어섰다. 서간과 묵시록은 성경의 세계보다는 우리가 살아갈 세상에 초점이 맞춰져 있다. 렉디콘의 역동은 성경에서 실재로, 과거에서 오늘로 초점을 옮기고 성경의 인물을 비추던 조명은 읽는 이, 곧 우리 자신을 비춘다.

서간은 당시 소아시아 지역에서 널리 쓰이던 서한문 형식으로 사도들이 초대 교회 공동체에 보낸 선포와 권고이다. 바오로 사도는 가장 많은 서간을 써 보냈고, 그것을 받는 공동체의 이름이 각 서간의 제목이 되었다. 그리고 다른 서간들은 보낸 사도의 이름이 제목으로 붙었다. 수신인은 대부분 개인보다는 당시 예수 그리스도를 믿는 교회 공동체이다. 바오로를 비롯하여 야고보, 베드로, 요한, 유다가 서간을 써 보냈다. 이렇게 20편의 서간이 우리를 기다리고 있다.

서간에는 당시 세상에 흩어져 있던 교회 공동체의 삶의 양상과 생각이 드러난다. 사도들이 공동체에 가르침을 주는 형식으로 구성되는데, 편지를 쓴 이유인 공동체의 상황이 먼저 나오고, 교회 구성원들이 어떻게 행동하고 믿는 바를 실천해야 하는지가 제시된다. 사도들이 신앙과 하느님 체험을 바탕으로 알아들은 예수님의 가르침을 기준으로 삶의 방향을 제언하는 것이다.

결국 공동체의 삶이 관건이다. 우리는 서간에서 예수님의 가르침으로 야훼 하느님에 대한 신앙을 통합하고 삶의 길을 나선 공동체들의 모습을 보며 그들이 처한 상황과 어려움을 접한다. 지역과 시대와 사람들의 관계에 따라 다양한 세상살이가 펼쳐지고 공동체의 문제들이 제기되는 가운데, 사도들은 그 안에서 무엇을 선택할지를 알려 주고 어떻게 행동할지를 권고하며, 주님을 증거하는 삶으로 초대한다. 거기에 덧붙여 사도들의 삶도 접하고 제자들의 증언도 듣는다.

서간은 사람들의 약한 모습도 포용하며, 그들이 힘과 용기를 낼 수 있도록 구체적이고 단순하게 지침을 준다. 우리는 사도들의 가르침을 들으며, '성경 말씀'대로 사는 구체적이고 실제적인 실천 방법을 접하게 된다. 예수님의 삶과 가르침을 제자들이 어떻게 삶에 적용했는지 그 범례들을 서간에서 읽을 수 있다.

렉디콘을 하는 우리도 '오늘' 자신이 살고 있는 세계를 돌아보며, 무엇을 선택하고 어떻게 행동할 것인지를 결단하도록 초대받는다.

③ 요한묵시록

렉시오 디비나 콘티누아의 마지막에 자리한 묵시록은 '오늘' 읽는 이가 '지금' '여기'에 있음을 확인하게 한다. 우리는 성경의 세계에서 현실의 세계로 다시 돌아온다. 주님은 이 세상에 다시 오시겠다고 말씀하신다. 우리는 그동안 성경 말씀으로 격려를 받고 승리를 확신하며 이 세상에서 힘차게 살아야 한다. 들려주신 생명의 말씀을 기억하고, 말씀 안에 머물며 '오늘'을 살아간다. '사람들 가운데에 하느님의 거처가 있어서 하느님께서 사람들과 함께 거처하시고 사람들은 하느님의 백성이 될 것이다'(묵시 21,3). 우리는 마침내 올 '새 하늘과 새 땅'을 고대하며 '오늘'을 사는 것이다.

성경의 제일 마지막에 위치한 요한묵시록은 읽는 이의 오늘과 내일, 곧 현재와 미래를 말하는 책이다. 묵시록은 성경에 나온 그대로 요한이 받은 '예수 그리스도의 계시'(1,1)로, 부활하신 예수님께서 현재와 미래를 드러내 보여 주신다. 묵시록에서 그리스도는 수차례에 걸쳐 "나는 알파요 오메가다"(1,8; 21,6; 22,13)라고 말씀하신다. 당시 국제어인 그리스어의 알파벳 첫 글자와 마지막 글자를 통해 당신이 '처음이고 마지막' 존재임을 알려 주신다. "지금도 계시고 전에도 계셨으며 또 앞으로 오실 전능하신 주 하느님"(1,8)이신 그리스도가 우리 삶에 어떤 의미인지를 밝혀 준다.

하느님은 '시작'이며 '마침'(22,13)이시다. 이는 하느님이 말씀으로 세상을 창조하셨으며(창세 1,3-31 참조) 구원을 완성하셨다는(묵시 7,10-17 참조) 성경의 고백과 병행을 이루며, 성경 전체를 포괄한다. 또한 이 점은 아담과 하와의 범죄로 사람에게서 멀어진 생명나무(ξύλον ζωῆς: 창세 3,24)가 성경의 마지막 권인 요한묵시록에서 승리하는 사람에게 보상으로 주어진다는 부분(묵시 2,7; 22,2.14.19)에서 뚜렷하게 드러난다. 이처럼 묵시록은 남은 승리를 향해 가도록 촉구하는 말씀이다.

묵시록은 일곱 교회에 보내는 편지 형식으로 메시지를 전달한다. 모든 편지 결미에 "귀 있는 사람은 성령께서 여러 교회에 하시는 말씀을 들어라"(2,7.11.17.29; 3,6.13.22)라는 구절이 나오는 것을 보면, 한 교회의 이름으로 보낸 내용만이 아니라 여러 교회에 보낸 말씀들을 다 들으라는 뜻이다.

  하느님께서는 먼저 환난과 궁핍 속에서도 인내하며 믿음을 굳건히 지키고 봉사한 일을 알고 있다고 말씀하시며, 지난 시간을 견뎌 온 각 교회의 수고를 인정해 주신다(2,2.9.13.19; 3,1.8.15). 다음으로 모든 교회가 안고 있는 부족한 점을 들어 교회가 유혹과 시류에 휩쓸려 악과 결탁하는 행실에서 벗어나기를 권고하신다. 그렇게 하여 승리하는 이에게는 최고의 보상을 약속해 주신다. 당시 교회는 박해를 받고 어려움을 겪었다. 묵시록은 이러한 상황에서도 하느님의 정의를 외치는 것이 믿는 이들이 치러야 할 전투임을 알려 주며, 그 전투에서 승리하도록 격려하고 지원한다.

  묵시록은 당대 문학에서 널리 쓰인 환시와 상징을 활용해 박해받고 감시받는 신자들에게 안전하게 메시지를 전달했다. 세상에서는 아직도 선과 악이 치열하게 싸우고 있으며 사탄의 세력에 의한 유혹과 방해물이 있음을 인식해야 한다. 묵시록은 역사의 주인은 하느님이시고 그리스도가 이미 승리하셨다고 전하며, 박해와 내적으로 불확실한 전망 아래 위기를 겪는 이들에게 위로와 희망을 들려준다. 세기를 넘어 이어지는 선과 악의 싸움은 하느님의 결정적 승리로 끝난다는 확고한 메시지를 전한다. 결국 렉디콘의 핵심 역동은 묵시록에 거듭 나타나는 승리 개념으로 정리할 수 있다(2,7.11.17.26; 3,5.12.21; 5,5; 6,2; 15,2; 17,14; 21,7).

보라, 이제 하느님의 거처는 사람들 가운데에 있다. 하느님께서 사람들과 함께 거처하시고 그들은 하느님의 백성이 될 것이다. 하느님 친히 그들의 하느님으로서 그들과 함께 계시고 그들의 눈에서 모든 눈물을 닦아 주실 것이다. 다시는 죽음이 없고 다시는 슬픔도 울부짖음도 괴로움도 없을 것이다. 이전 것들이 사라져 버렸기 때문이다(묵시 21,3-4).

창세기부터 묵시록에 이르기까지 성경 전체가 들려주는 이야기는 결국 하느님과 그분 모상으로 창조된 사람의 이야기다. 사람이 하느님과 함께 승리하는 이야기다. 성경의 사람들은 우리와 매우 비슷하다. 약하고 보잘것없으며, 거짓을 품고 배신도 한다. 물론 좋은 점도 닮았다. 올바르고, 용기와 근성이 있고, 신의를 소중히 여기며, 하느님을 마주할 줄 안다. 사실 성경은 사람들의 이야기를 전해 주는데, 이는 결국 우리의 이야기다.

성경의 인간관은 '사람이 하느님의 모상'으로 만들어졌다는 창세기 말씀을 통해 선명히 드러난다. 성경은 하느님을 닮은 사람이 가는 길을 그려 낸다. 믿음의 성조 아브라함이 '하느님 앞에서 살며 흠 없는 사람이 된다'(창세 17,1)는 말씀은 전혀 죄짓지 않는다는 뜻이 아니다. 죄를 지어 넘어지고 엉망이 되어도 다시 일어나 주님 앞에서 걸으며 산다는 것이다. 어떠한 시간과 상황에서도 체념한 채 주저앉지 않고 다시 시작하는 것이다. 왕정 시대의 중심인물 다윗도 그러하였다. 다윗은 큰 죄를 지었으나 용서받고 다시 일어나 결국 의로운 사람으로 인정받았다(2사무 22장).

구약성경의 이 메시지는 복음서에서 그 의미를 드러낸다. "예루살렘에서부터 시작하여, 죄의 용서를 위한 회개가 그의 이름으로 모든 민족들에게 선포되어야 한다"(루카 24,47). 예수님은 앓는 이를 치유하시고, 갇히고 묶인 이는 풀어 주어 다시 살게 하신다. 죄인은 용서받고 새 삶을 살게 하신다. 하느님은 창조 사업으로 사람에게 생명을 주셨고 구원의 위업으로 사람을 다시 살리셨다. 예수님은 하느님이 하시는 일을 하신다. 이러한 여정을 통해 드러난 진실은, 사람은 하느님 앞에서 살아야, 하느님과 함께 걸어야 온전하게 살 수 있다는 것이다.

성경은 하느님 앞에서 살아가는 사람의 면모를 보여 준다. 하느님과 함께 걸어가는 삶이 이상적인 삶이다. 그 여정에서 사람은 길을 벗어나기도 넘어지기도 한다. 루카 24,47의 '용서를 위한 회개'는 하느님과의 화해, 자신과의 화해를 뜻한다. 하느님에 의해 그분을 닮은 존재로 창조된 사람이 하느님의 길에서 벗어남은 자신과 분리되며 상처 입는 것뿐만 아니라, 이웃에게 상처 입히고 분리되며 하느님에게서 벗어나는 것이기 때문이다. 사람은 하느님과 함께 걸으며 자기 자신과 통합되고, 이웃과도 하나 되며, 하느님과 화해하고 일치하게 된다.

한 권의 책으로서 성경 전체의 메시지는 다음과 같다. "하느님 앞에서 살아라." "하느님과 함께 걸어라." "하느님 안에 머물러라." 어렵게 다가오는가? 어렵지 않다. 성경에서 만난 구원을 받은 인물처럼 살면 된다. 주님의 길을 따르는 삶이 아무리 힘들어도 굴하지 않고, 하느님의 용서와 치유를 믿으며, 이 여정을 끝까지 가는 사람에게 '하느님 모상'이 드러난다. 넘어져도 다시 일어나서 끝까지 가야 한다는 사실만 잊지 말자.

성경을 통通으로 렉시오 디비나 하는 동안, 사람은 자신을 알고, 하느님을 알며, 하느님이 자신에게 하신 일을 알게 된다. 그리하여 치유를 받고 화해하고 통합되어 살아갈 힘을 얻는다. 이것이 렉시오 디비나 콘티누아의 역동이다.

III

렉시오 디비나 콘티누아의 방법

성경은 신앙의 경전이기에 성경 읽기에는 믿음이 전제된다

성경은 계시의 언어로 이루어진 신앙의 경전이다. 이는 성경이 인간의 언어로 쓰였지만, 하느님의 말씀을 담은 거룩한 책임을 드러낸다. 그리고 성경 말씀은 아주 오래전에 쓰인 고전이기에 옛 문화와 언어를 담고 있다. 게다가 오랜 기간 많은 저자에 의해 기록된 방대한 내용은 여러 번의 편집 작업을 거쳐 오늘의 형태가 되었다.

크게는 구약성경과 신약성경으로 나뉘고 다시 구약 46권, 신약 27권으로 구분하여 총 73권으로 구성된다. 이렇게 성경은 개별 책의 모음집인 동시에 한 권의 책이기에 전체적으로 파악하기 어렵다고 느낄 수 있다. 그래도 나에게 맞는 방법으로 읽는다면 성경의 메시지를 이해하고 깨달음을 얻을 수 있다.

성경을 읽는 사람이 갖춰야 할 근본적 태도는 '믿음'이다. '하느님을 믿는다'라는 말은 그분이 전지全知, 전능全能, 전선全善하심을 받아들이는 것이다. 성경을 읽다가 하느님이 왜 그러한 일을 하시며 그런 결말로 이끄시는지 이해되지 않고 화가 나거나 의심이 들 때 기억해야 한다. 하느님은 우리보다 사람들의 사정을 더 잘 아시고, 우리보다 선하시며, 우리보다 더 그 사람을 사랑하신다는 것을 그리고 그분의 능력은 우리가 헤아릴 수 없을 만큼 크다는 것을 말이다.

유한한 인간에게는 하느님 편의 기준보다는 자기 자신이 기준이 될 때 실제로 와닿는 부분이 있다. 그렇기에 하느님께는 죄송하지만 그분을 '우리/나보다 선하고, 잘 아시며, 능력이 있으신 분'이라고 표현하였다. 사실 하느님은 전적으로 선하시며, 사람들의 사정을 모두 아시고, 잴 수 없는 크기로 사랑하는 분이시다. 하느님의 일을 인간적 기준으로 예단하지 않도록 조심해야 한다. 그래야 이해되지 않고, 의문이 생길 때 즉시 판단하지 않고, '하느님의 뜻'을 기다리며 성경을 계속 읽어 나갈 수 있다. 그러다 보면 어느 순간 우리가 찾는 것을 보여 주실 것이다. 한마디로 하느님을 전적으로 믿고 신뢰해야 계시 말씀을 알아듣게 된다.

1 준비

◆ ◆ ◆
렉디콘을 시작하기에 앞서
- 목적 혹은 목표를 정한다.
- 주님께 받고 싶은 은혜를 청한다.
- 기간을 정한다.
- 주변을 정리한다. 곧 렉티콘을 할 시간과 공간을 마련한다.
- 성경과 기록할 노트를 준비한다.
- 필요하다면 고해성사를 본다.

이제 렉시오 디비나 콘티누아를 할 마음이 생겼다면, 성경을 펼치고 시작하면 된다. 성경은 두꺼운 책이다. 소설을 읽듯 2-3일 집중하면 뗄 수 있는 책이 아니다. 내용이 너무 진해서 책장이 그렇게 팔락팔락 넘어가지 않는다. 혹시 하느님의 도움으로 성경의 이야기 속에 빠져들어 읽게 되더라도, 내 식대로 내가 좋은 대로 해석하지 않고 성경 말씀이 뜻하는 바를 제대로 파악하려면 일정한 '의전儀典'에 따라 읽을 필요가 있다.

의전을 이야기하기 전에 먼저 렉디콘 기간을 생각해야 한다. 일상생활 속에서 매일 60분 정도 시간을 내면 1년 안에 마칠 수 있다. 이때 렉시오 디비나를 하며 성경의 세계에서 일어나는 일과 성경 밖에서 겪는 일들이 서로 영향을 미치며 역동이 일어날 수 있다.

렉디콘에 긴 시간을 할애할 수 있다면, 대침묵 피정을 이용하는 방법이 있다. 매일 60-90분씩 5-6회 정도 집중해서 읽으면 한 달 안에 마칠 수 있다. 이는 대개 수도자들이 종신서원을 준비할 때나 계속 교육 차원에서 재수련을 할 때 가능한 일이다. 이때 2회 정도 쉬는 날을 정한다. 이를테면 9일 렉디콘을 하고 1일 거룩한 쉼의 시간을 갖고, 또 9일 렉디콘을 하고 1일 쉬는 식이다. 쉬는 날에는 가능하면 자연(꽃, 나무, 바람, 하늘, 땅)과 가까이 한다. 체력과 정신력을 보강하기 위한 목적도 있지만, 성경의 세계와 읽는 이가 속한 세계에 같은 양상으로 존재하는 자연 속에 머무는 짧은 쉼이 렉디콘의 역동에 소소한 바람을 일으키기 때문이다. 하루에 5-6회를 할 경우에도 매회 적어도 30분 이상 간격을 둔다. 이 시간에 자리를 떠나 물을 마시거나 바깥 공기를 쐬고 가벼운 산책을 하는데, 이때에도 같은 역동이 일어난다.

기간	1일 횟수	1회 시간
약 1년	1회	50-60분
약 1개월	5-6회	60-90분
	(렉디콘 9일 + 휴식 1일) x 3회 매 회차 종료 후 30분 정도 휴식	

일반적으로는 1년 안에 마치는 렉디콘을 권장한다. 사실 생계나 의무와 연결되지 않은 새로운 일과를 일상생활에 끼워 넣기란 쉽지 않다. 즉시 활용하여 이익을 볼 수 없는 영적인 일, 신앙의 일이기에 더욱 그렇다. 담대하게 마음먹고 시작하는 큰 용기가 필요한데, 일단 시작해서 한 주를 넘기고 한 달이 지나면 그다음은 성경이 우리를 이끌어 간

다. 매일 읽는 말씀에서 렉디콘을 지속할 에너지가 나온다.

처음에는 힘이 많이 든다. 굉장한 에너지가 필요하다. 비행기는 이륙하여 일정 고도에 다다를 때까지 전체 연료의 80%를 사용한다. 성층권(지표면 상공 10-50km 사이 영역)에 들어선 이후에는 중력의 영향을 덜 받기 때문에 에너지 소비가 크지 않다. 렉디콘을 시작할 때도 비행기가 이륙할 때 만큼이나 큰 에너지가 든다. 바로 이 시간을 통해 진정한 회심과 삶의 지평이 바뀌는 체험을 하기 때문이다. 이런 이유가 아니더라도 물리적으로도 책이 엄청 두껍다.

우선 에너지를 모으기 위해 렉디콘을 하는 개인적인 이유와 목적을 설정해야 한다. 뚜렷한 목표 없이 긴 시간 동안 지속하기란 쉽지 않다. 렉디콘을 통해 주님께 청하여 받고 싶은 은혜도 생각해 둔다. 그다음 주변을 정리하고 일정한 시간과 장소를 확보한다. 시간이 날 때만 한다면, 제 궤도에 오르기도 전에 포기하게 될 것이다. 가끔이라도 성경 말씀을 읽는 게 어딘가? 그것만으로도 대단하다고 할 수 있으나 렉디콘은 성격이 다르다. 성경의 세계로 들어가 나만의 여정을 가는 일이다. 비행기가 이륙하려면 주변의 방해 없이 정해진 활주로를 일정 시간 달려 추진력을 얻어야 한다. 렉디콘을 할 때도 마찬가지다. 방해받지 않을 시간과 장소를 정해 놓아야 성경의 세계로 들어갈 수 있다.

사람이 하루에 사용 가능한 시간과 에너지는 정해져 있다. 자기 처지에 따라 불필요한 일에서는 손을 떼야 한다. 꼭 필요한 일 이외의 시간 사용은 온전히 나의 선택과 의지에 달려 있다. 렉디콘 시간만 확보하는 것이 아니라, 제대로 수행하기 위해서 가능하면 주변 상황을 단순하고 안정적으로 유지하는 것이 좋다. 여기에는 인간관계, 시간 활용, 핸드폰 사용 등이 포함된다. 새벽은 그 어떤 일에도 방해받지 않는 시간이다. 만일 이때 렉디콘을 하려면 일찍 자는 습관까지도 계획에 넣어야 한다. 규칙적으로 렉디콘 할 수 있는 시간을 확보했다면, 이제 장소도 정한다.

대죄 상태에 있다면 계시의 빛을 받기가 어렵다. 잘못을 뉘우치고 고해성사를 통해 용서의 은총을 받은 후에 시작하는 것이 좋다. 이러한 노력을 통해 중력처럼 우리를 잡아당기는 힘에서 벗어나 하느님 말씀 속으로 더 높이 날 수 있는 에너지가 생길 것이다.

2 7단계 실천 방법

창세 1,1부터 렉디콘을 시작한다. 순서는 매일 동일하다. 준비기도를 하고, 정해진 분량의 성경을 읽고, 생각하고, 응답하고, 관상하고, 기록하고, 마무리기도를 한다. 7단계로 진행되지만 읽는 단계(렉시오)에서 거의 40-50분을 사용하고, 10-20분 동안 나머지 작업을 한다.

1. 준비기도: 인보카시오 Invocatio

> 하느님 현존 의식, 하느님 세계로 정향.
> 성령의 도움을 청한다. 믿음을 발한다.
>
> "네가 서 있는 곳은 거룩한 땅이니, 네 발에서 신을 벗어라"(탈출 3,5).

준비기도는 짧고 단순하게 하되, 온 마음과 정신을 내면으로 모은다. 하느님 세계로 정향定向하는 것이다. 성경의 세계, 하느님의 세계로 들어가기 위한 기도이다. 우리는 하느님 현존 안에 머무르고 싶지만 어떻게 해야 하는지 잘 모른다. 그래서 하느님께 의탁하며 기도한다. 내가 하느님 앞에 갈 수 없으니, 하느님께서 나와 함께해 주시기를 청하는 것이다. 성호를 긋고 주님의 기도나 성모송, 성령송가를 바칠 수도 있다.

준비기도에서 가장 중요한 것은 하느님을 의식하는 일이다. 우리가 부르는 하느님의 이름을 의식하는 것이다. 하느님 앞에서 그분의 말씀을 듣겠다고 하면서, 상점이나 길거리에서 아무하고 이야기할 때와 같은 태도일 수는 없다. 이스라엘에 있는 유다인 회당에서 중앙 휘장 좌우에 적힌 글을 본 적이 있다. 히브리어로 쓰였지만 대략 '네가 있는 곳이 어디인지를 기억하라'(레이자코르 에이포 아타)는 뜻의 문구였다. 지금 자신이 거룩한 곳에 있음을 의식하고 기억하라는 것이다. 그 순간 나를 하느님 현존 앞에 데려다 놓는 것 같은 느낌이 들었다. 다시 한번 강조하지만, 성경을 펼쳐 만나려는 상대가 누구인지 인식을 해야 한다.

이집트를 떠난 모세는 미디안 사제의 딸 치포라와 혼인하여 양을 치며 살았다. 어느 날, 그는 평소대로 양 떼를 몰고 시나이 광야를 지나 호렙산에 다다랐다. 탈출기 화자는 이렇게 말한다. "주님의 천사가 떨기나무 한가운데로부터 솟아오르는 불꽃 속에서 그에게 나타났다"(탈출 3,2). 강수량이 극히 적은 광야에서 덤불 같은 나무들이 자연발화 하는 일은 매우 흔했다. 그런데 이번에는 달랐다. 떨기가 불에 타는데도 사그라지지 않았다(3,2). 모세는 그 놀라운 광경을 보러 다가갔다. "모세가 보러 오는 것을 주님께서 보시고, 떨기 한가운데에서 '모세야, 모세야!' 하고 그를 부르셨다. 그가 '예, 여기 있습니다' 하고 대답하자, 주님께서 말씀하셨다. '이리 가까이 오지 마라. 네가 서 있는 곳은 거룩한 땅이니, 네 발에서 신을 벗어라'"(3,4-5). 하느님께서 모세를 만나시는 장면이다.

우리는 화자가 전해 주는 정보에 따라 주님께서 그 떨기 한가운데 현존하시며 모세를 만나기 위해 부르신다는 것을 안다. 이 사실을 모르고 다가가는 모세에게 주님은 '네가 지금 서 있는 곳은 하느님 현존으로 인해 거룩한 땅'이라고 알려 주신다. '가까이 오지 말라'는 말은 신 현현의 표현이다. 그다음 모세는 신을 벗는다. 고대근동에서 신을 벗는 행위는 존경과 겸손의 표시였다. 더욱이 신발은 광야를 걷는 데 가장 필요한 여장이기에, 그것을 벗는 행위는 자신을 내려놓는다는 의미이기도 했다.

여기에서 준비기도를 통해 마음을 어떻게 준비하는지 감을 잡을 수 있다. 경계를 넘어 거룩함으로 들어가기 위해, 하느님을 향해 마음을 모으고 자신을 비워야 한다. 다시 말해 마음을 고요히 하고 영적인 눈, 신앙의 눈을 들어 하늘을 바라보는 것이다. 말씀이 들려주는 그 어떤 소리라도 들을 수 있도록, 여린 소리, 숨겨진 소리도 들을 수 있도록 마음을 열어야 한다.

2. 읽기: 렉시오 Lectio

오늘 읽을 분량을 주의 깊게 읽는다.

"당신 종에게 듣는 마음을 주시어"(1열왕 3,9).
"내 귀를 일깨워 주시어 내가 제자들처럼 듣게 하신다"(이사 50,4).
"너희 가운데 누가 이것에 귀를 기울이고 앞날을 위하여 주의 깊게 들으려느냐?"(이사 42,23).

준비기도를 통해 하느님께 마음을 향하고 하느님 현존 의식을 일깨워 시선이 내면으로 향했다면, 이제 성경을 펴고 읽는다. 첫 장부터 매일 정한 분량을 읽기 시작한다. 찬찬히 한 줄 한 줄 정독한다. 익숙하고 아는 내용일지라도 쓱 훑어보는 식으로 넘어가지 않는다.

주의 깊게 듣는 마음으로 성경 말씀을 읽는다. 말과 글을 통해 들려주는 하느님 말씀이기에 그렇다. 하느님의 말씀을 알아들으려면 외국어로 쓰인 책을 읽듯 주의 깊은 경청의 자세가 필요하다. 하느님의 언어를 익히는 것이다. 고요한 상태로 성경을 정독하며 시선을 내면으로 향하는 일은 하느님의 말씀을 듣는 마음으로 읽는 것이다.

말씀은 귀가 아니라 마음으로 듣는다. 솔로몬 임금도 하느님께 듣는 마음을 청했다. 그가 번제물을 바치고 잠이 들었는데 하느님께서 그의 꿈속에 나타나 물으신다. "내가 너에게 무엇을 해 주기를 바라느냐?"(1열왕 3,5). 그러자 솔로몬이 대답한다. "당신 종에게 듣는 마음을 주시어 당신 백성을 통치하고 선과 악을 분별할 수 있게 해 주십시오"(3,9).

"듣는 마음"은 주의 깊게 듣고 식별하는 능력을 가리킨다. 성경은 듣고 식별하고 결정하는 일이 마음에서 이루어진다고 본다. 그래서 '듣는 마음'이라는 말로 더 내적이고 통합적인 행위를 표현했다. '렉시오'는 이렇게 듣는 마음으로 성경을 읽는 것이다. 눈과 귀와 마음을 열고 말씀을 주의 깊게 만나는 것이다. 사람들과 대화할 때도 상대의 말을 마음으로 들으면 말에 담긴 사실은 물론 그 이면의 진실까지도 헤아릴 수 있다.

한 줄 한 줄 주의 깊게 읽는다. 가끔 행간을 읽어야 할 때도 있다. 단어와 단어 사이, 문장과 문장 사이에도 나름의 메시지가 담겨 있다.

침묵의 메시지도 있다. 말을 들으며 말하는 이의 뜻을 읽어 낸다고 하지 않는가? 성경 말씀은 더욱더 그러하다. 말로 표현이 되지 않지만 엄연하게 실존하는 실재와 진리가 있기 때문이다. 옷깃을 여미고 자세를 바로 하고 하느님의 말씀을 듣는다.

말씀의 뜻을 알아듣는 데는 하느님의 은총도 필요하다. 이것은 이사야 예언자의 말에서 잘 드러난다. "그분께서는 아침마다 일깨워 주신다. 내 귀를 일깨워 주시어 내가 제자들처럼 듣게 하신다. 주 하느님께서 내 귀를 열어 주시니 나는 거역하지도 않고 뒤로 물러서지도 않았다"(이사 50,4-5). 말씀을 듣기 위해서는 주님이 일깨워 주셔야 하는데, 한 번만이 아니라 '아침마다' 열어 주셔야 한다. 주님의 사람으로서 매일 아침 그분 말씀에 귀를 기울이는 것이다.

관건은 말씀의 내용이 아니라 매일 아침 일어나 '말씀을 듣는' 행위 자체이다. 매일 하느님의 말씀을 듣는 일은 무엇을 의미할까? 식물도 좋은 음악을 '들으면' 생기를 띠고, 물도 좋은 말을 '들으면' 아름다운 결정을 보인다고 한다. 식물이나 물도 그렇다면 사람이 하느님의 말씀을 '들으면' 어떻게 될까? 아마도 굉장한 일이 일어날 것이다. 성경을 읽어 나간다. 오늘 정한 시간이나 분량까지. 그날의 느낌과 상황에 따라 선택한 부분을 읽는 것이 효과적인 사람이 있는가 하면, 성경을 1년 안에 읽도록 나눈 분량에 따라 읽는 것이 더 나은 사람도 있다. 자신에게 맞는 방법을 선택하면 된다.

렉디콘 입문 단계에 있는 구약의 오경과 역사서는 줄거리를 파악하며 읽는다. 생각이나 느낌이 떠오를 것이다. 오래전 기억이 되살아날 수도 있다. 스쳐 지나가면서 계속 읽는다. 자신을 건드리는 대목이

나 단어, 인물이 있으면 표시를 한다. 마음의 움직임이 일어난다. 마음이 가벼워지거나 충만해지기도 하고, 걱정되고 뒤숭숭하거나 혼란스럽고 분노가 일어날 수 있다. 이유는 알 수 없으나 자꾸 눈에 띄거나 거슬리는 말이나 사람이 있을 수도 있다. 이런 경우 대개는 내게 주어진 메시지가 있는데, 그 순간 일어난 느낌이 말씀을 알아듣는 데 실마리가 되곤 한다. 그 느낌을 간직한 채 계속 읽어 나간다. 들려주신 하느님 말씀이 내게 이루어지기를 바라는 부분에도 밑줄을 긋거나 표시를 한다.

3. 생각하기: 메디타시오 Meditatio

> 곰곰이 생각한다. 뜻을 헤아린다.
> 음미한다. 되새긴다.
>
> "마음속으로 되새기고 묵상하며 정신을 가다듬어 헤아려 봅니다"
> (시편 77,7).
> "주님을 경외하는 이 누구인가? 그가 선택할 길을 가르쳐 주시리라"
> (시편 25,12).

성경을 렉시오(읽기)한 다음에는 읽은 말씀을 곰곰이 생각한다. 읽으면서 마음에 와닿은 구절도 있고, 여러 가지 느낌과 생각이 스쳤을 것이다. 오늘 정한 분량을 읽은 다음에 멈추어서 산발적으로 떠오른 느낌과 생각을 모아 숙고하는 단계를 메디타시오 meditatio라고 한다. 보통 묵상默想이라고 하는데, '말없이 마음속으로 생각하다'라는 뜻이다. 눈은 감지 않아도 된다. 오히려 메디타시오 하기 위해 눈을 감지 않기를 권한다. 모두 그렇지는 않으나 대개 눈을 감으면 졸기 쉽다. 물론 조는 동안 다른 때에는 누리지 못하는 달콤한 휴식을 취할 수도 있다. 그러나 이 단계에서 거두어야 하는 결실이나 효과에 비하면 너무 미미하다. 그러니 의식적으로 눈을 뜨고 생각해야 한다. 방금 읽은 성경 구절을 다시 눈에 담으며 생각하고, 말씀을 읽는(듣는) 동안 떠오른 생각들을 모아 차분히 곱씹는다. 혹은 마음에 착 와닿은 말씀을 음미한다.

성경이 말하는 메시지는 대체로 메디타시오를 통해 찾을 수 있다. '되새김'이라고 달리 표현할 수 있는데, 기억에 남은 말씀을 자꾸 떠올려 음미하는 것이다. 다시 말해 거듭 골똘히 생각하는 것이다. 친구나 지인의 진심 어린 편지나 좋은 소식이 담긴 편지를 받았다고 생각해 보자. 연애편지라면 더 좋은 예가 될 듯하다. 우선 진심과 정성이 담긴 글을 한번 훑어보며 기쁨을 맛본다. 마음에 남은 말마디를 일상생활 중에 언뜻언뜻 떠올리고 되뇌고 음미한다. 여유를 가지고 편지를 찬찬히 다시 읽기도 한다. 이렇게 거듭 음미하는 동안 보낸 이가 편지에 담은 마음을 거의 다 읽어 내고 맛보게 된다.

편지를 읽다 보면 이해되지 않는 단어나 문장을 만날 때가 있다. 단어의 뜻을 알아도 그 말을 쓴 의도나 메시지가 선명히 보이지 않기도 한다. 어떻게 할까? 물론 보낸 이에게 물어보면 된다. 그러나 여의치 않으면 어떻게 할까? 고민하지 말고 다시 뚫어지게 들여다보면 된다. 읽고 또 읽는다. 그 말마디에 집중하고 골똘히 생각한다. 전후 문맥도 다시 본다. 그러다 보면 어느 순간 보이지 않던 뜻이 드러날 때가 있다. 이처럼 성경 말씀을 집중하여 되새기고 음미하고 생각하는 것이 메디타시오다.

성경 말씀 가운데 특히 마음에 다가온 말씀은 온전히 나에게 적용해서 생각한다. 듣고 기억한 말씀을 자주 떠올리면 그 말씀은 내게 동화된다. 우리는 때로 사람들이 한 말, 아무렇게나 던진 말을 곱씹으며 그 말에 묶여 있기도 한다. 곧 우리는 말의 영향을 받는데, 이 점을 성경에 활용해 보자. 성경 말씀에 마음을 열고 말씀을 곱씹으며 그 말씀이 내게 영향을 미치게 하자.

> 성서를 기억하고 기억한 바를 유념하여 마음에 간직하는 것은 단순한 기억술과는 다르다. 왜냐하면 이것은 '마음'이 성서 본문의 말씀과 표상들을 받아들여서 기억하는 '마음의 기억'이기 때문이다. 히브리적 독서와 거룩한 독서는 단지 영으로만 하는 것이 아니다. 그것은 인간 전체의 투신을 요구하는 것이다.[6]

말씀이 건드려서 떠오른 삶의 기억도 함께 생각해 본다. 읽는 이의 기억은 렉디콘에 중요한 작용을 한다. 성 아우구스티누스에 따르면 사람은 기억을 통해서 자신을 파악한다. 자신이 한 일, 사건이 일어난 때와 장소, 당시의 느낌을 기억한다. 사람의 기억에는 경험, 믿음, 느낌 등이 담겨 있다. 그 기억을 통해 자신이 누구인지를 파악한다.

성 아우구스티누스는 '안다'는 것은 흩어져 있는 것을 '거두어 모

---

6 엔조 비앙키, 《말씀에서 샘솟는 기도》, 이연학 옮김, 분도출판사, 2001, 80쪽.

은다'는 뜻이며 여기에서 '생각하다'라는 말이 나왔다고 말한다. 곧 라틴어의 코고cogo(거두다)와 코지토cogito(생각하다)의 연관성으로 설명한다. 이것은 오직 마음의 기능에만 적용되며 마음에 모인 것만을 도로 거두는 것이 바로 생각하는 것이라고 말한다.[7] 이는 메디타시오 단계에서 읽는 이가 취해야 할 행위를 잘 설명한다.

오늘 읽은 말씀은 무슨 내용인가? 나에게 어떠한 말씀을 하고자 하시는가? 되뇌며 생각해 보고 세밀히 관찰하는 것이다. 하느님께서 주신 이성과 지성으로 읽은 내용을 헤아린다. 성경의 이야기, 말씀에는 "의식의 예상을 허용하지 않는 방법으로 마음에 자극을 주어 의지를 활발하게 하고 애정에 불을 붙이는 힘"이 있다.[8] 그래서 렉시오 할 때 특히 마음을 건드린 말씀이나 내용은 중요한 의미를 지닌다. 말씀을 거듭 읽으며 그 부분을 깊이 음미해 본다. 예수님의 어머니 마리아는 메디타시오의 훌륭한 모범이다. 복음사가는 말씀을 들은 마리아의 정서적 반응과 더불어, 말의 의미를 이성적으로 생각하는 마리아의 모습을 보여 준다. "이 말에 마리아는 몹시 놀랐다. 그리고 이 인사말이 무슨 뜻인가 하고 곰곰이 생각하였다"(루카 1,29).

이렇게 곰곰이 살핀 말씀을 삶에 적용하는 일도 메디타시오의 중요한 측면이다. 엔조 비앙키 수사는 이렇게 말한다. "메시지가 당신 안에서 깊이 있게 메아리치도록, 필요하면 성경 본문을 다시 읽으십시오. 마음속으로 말씀들을 되씹으십시오. 그리고 성서 본문의 메시

---

7 A. 아우구스티누스, 앞의 책, 405-406쪽 참조.
8 웨인 G. 로린즈, 《융과 성서》, 이봉우 옮김, 분도출판사, 2002, 110쪽.

지를 당신 자신의 현재 상황에 적용하십시오. 이때 주의할 점은, 심리 관찰에 빠지거나 양심 성찰로 끝나 버리지 않도록 해야 한다는 것입니다."[9] 자기 자신에게 집중하는 것이 아니라, 말씀이 나를 어떻게 비추시는지 살핀다. 하느님 혹은 예수님께서 성령을 통하여 내게 하신 말씀 안에서 주님을 바라본다. 서로 바라보며 대화하면 상대방이 하는 말을 이해하는 데에 도움이 된다. 성경을 읽을 때도 마찬가지다. 말씀하시는 하느님을 의식한다. 주님을 염두에 두고 그분 말씀 안에 있는 나를 본다. 이때 우리는 '듣게' 된다. 말씀을 깊이 듣고 곰곰이 생각하여 뜻을 헤아려 받아들인다. 그러면 말씀이 마음에 들어와 자리하게 된다. 곧 마음 뜨락에 말씀의 씨가 내려앉는다. 바로 이 말씀처럼. "마리아는 이 모든 일을 마음속에 간직하고 곰곰이 되새겼다"(루카 2,19).

시편 77편은 묵상에 관해 잘 알려 준다.

> 4절: 하느님을 생각하니(기억하니) 한숨만 나오고 **생각을 거듭할수록** 내 얼이 아뜩해지네.
>
> 7절: 밤새 마음속으로 되새기고(기억하고) **묵상하며** 정신을 가다듬어 헤아려 봅니다.
>
> 12절: 저는 주님의 업적을 생각합니다. 예전의 당신 기적을 생각합니다(기억합니다).
>
> 13절: 당신의 모든 행적을 되새기고 당신께서 하신 일들을 **묵상합니다.**

---

9 엔조 비앙키, 앞의 책, 107쪽.

위 인용절에서 밑줄 친 부분에는 히브리어 동사 '시하 $sîḥâ$'가 쓰였다. 그리스어 동사 '멜레타오 $μελετάω$'에 해당한다. 우리말로 '묵상하다'(영어 meditate, 라틴어 meditare), '생각하다'로 번역한다. 12절에는 히브리어 '자카르 $zākar$'가 쓰였고 괄호 안에 '기억하다'를 첨가하여 달리 표현했다. 이렇게 시편 77편에서 묵상은 기억하고 되새기고 헤아리는 행위임을 볼 수 있다. 그 행위의 대상(내용)은 주님의 호의를 입은 지난날의 일들이다. 주님께서 하신 모든 일을 되새기고 헤아리고 생각한다. 메디타시오의 목적은 주님의 길을 걷는 것이다. "제 길을 되돌아보고 제 발길을 당신 법으로 돌립니다"(시편 119,59).

다니엘 예언서는 말씀 묵상의 필요성을 잘 보여 준다. 다니엘은 성경을 읽고 그 내용을 곰곰이 생각하고 기도한다. "나 다니엘은 성경을 펴 놓고, 예레미야 예언자에게 내린 주님의 말씀대로, 예루살렘이 폐허가 된 채 채워야 하는 햇수를 곰곰이 생각하고 있었다. 그것은 일흔 해였다"(다니 9,2). 기도하며 간청하자 가브리엘 천사가 나타난다. "다니엘아, 내가 너를 깨닫게 해 주려고 이렇게 나왔다. 네가 간청하기 시작할 때에 이미 말씀이 내렸는데, 그것을 일러 주려고 내가 왔다. 네가 총애를 받는 사람이기 때문이다. 그러니 이 말씀에 주의를 기울여서 환상의 뜻을 깨닫도록 하여라"(9,22-23). 일부분 깨닫는 바가 있어도 더 깊이 깨닫기 위하여 기도해야 하며, 은총으로 영감을 받아도 주의를 기울여 깊이 묵상해서 뜻을 깨달아야 하는 것이다.

> 관상 초심자가 반드시 활용해야 하는 요긴한 도움들이 있으니, 이른바 '독송(讀誦)'과 '묵상'과 '기구(祈求)'가 그것으로, 이를 더 일반적인 표현으로 바꾸

면 '읽기'와 '사색'과 '기도'가 됩니다. … 읽기나 듣기가 선행되지 않는 한 사색은 이루어지지 않을 수 있습니다. … 초심자와 숙련자는 먼저 사색을 하지 않는 한 기도하지 못합니다.[10]

메디타시오 유의 사항

하느님에 대한 믿음

메디타시오를 할 때 하느님이 '나'(읽는 이)보다 모든 면에서 뛰어나시다는 사실을 잊지 말아야 한다. 앞에서 이미 언급했으나 중요하기에 반복한다. 성경 속 인물에게 일어난 일과 사건의 과정이나 결과에 대해서 '하느님은 왜 이렇게 박하신가?' 혹은 일이 '다르게 진행되었더라면 좋았을 텐데' 하고 생각한다면 거기에는 하느님이 나보다 지력이 떨어지거나 선하지 않고 능력이 부족하다는 생각이 들어 있을 수 있다. 하느님이 하신 일을 비판하며 부정적으로 판단하지 말자. 하느님을 신뢰해야 한다. 곧 하느님의 선과 지력과 능력을 믿는 것이다. 이해가 안 되는 부분이 있으면 '무슨 뜻이 있으시겠지', '적당한 때에 알려 주시겠지' 하고 생각하자.

다윗은 본보기가 된다. "하느님께서 저를 어떻게 하실지 알게 될 때까지…"(1사무 22,3). 자신을 죽이려는 사울을 피해 도망 다닐 때 다윗이 한 말이다. 자신의 왜 이런 고난을 겪는지 하느님의 뜻을 모르겠다고 솔직하게 고백하면서도, 언젠가는 알게 되리라 기대한다. 자신의

---

10 클리프턴 월터스, 《무지의 구름》, 성찬성 옮김, 바오로딸, 1997, 35항.

처지를 두고 하느님을 원망하지 않는다. 사무엘 예언자에게 기름부음을 받은 일이나 지금 겪고 있는 일들에 대해서도 하느님께 묻지 않는다. 하느님을 온전히 믿고 신뢰하기에 인내한다. "선량한 마음으로 주님을 생각하고 순수한 마음으로 그분을 찾아라"(지혜 1,1).

지루함, 건조함 건너가기

말씀이 마음을 건드리고 어떤 감정이 올라올 때는 메디타시오가 수월하다. 경건한 마음이 들고 힘이 난다. 그런데 아무런 감흥이 없을 때가 있다. 그저 무덤덤하고, 지루하고, 생각이 부산스러울 수 있다. 이성과 의지는 성경 말씀을 읽고 묵상하며 순응하지만, 상상과 감각은 그것과 일치하지 않은 상태이다(78쪽 Tip 참조). 이때도 렉시오 디비나를 중단해서는 안 된다. '이렇게 시간을 허비하느니, 잘될 때 하는 게 낫지 않나?' 하는 유혹을 받을 수 있다. 하지만 이미 경험으로 알고 있듯이 잘되는 때가 언제인지 알 수가 없다. 잘 되든 안 되든 꾸준하고 충실하게 렉디콘을 해야 한다.

예수의 데레사 성녀가 들려주는 이야기가 도움이 된다. 성녀는 긴 세월 말씀기도를 하면서 주님께 큰 은혜를 받아 그 역동을 환히 알게 되었다. 그러나 실제로 지루하고 건조한 시간도 체험했다. "나는 영혼의 모든 능력이 하느님께 쏠려서 그분 안에 집중되어 있는 것만 같은데, 한편 또 상상은 걷잡을 수 없이 야단스러운 사실에 어리둥절할 뿐이었습니다."[11] 마음을 다잡고 이성과 의지로 렉시오 디비나를 하

---

11 예수의 성녀 데레사, 《영혼의 성》, 최민순 옮김, 바오로딸, 2024, 107쪽.

고 있는데 상상과 감각은 따로 놀거나 협조하지 않는 상태를 가리킨다. 묵상(메디타시오)을 하며 "다른 것을 생각해서는 안 된다든지, 조금만 마음이 헷갈려도 다 틀렸다고 생각해서도 안 됩니다. 나 역시 그런 시끌시끌한 생각 때문에 얼마나 고생했는지 모릅니다."[12] 이렇게도 말한다. "천체의 움직임을 우리 힘으로 걷잡지 못하는 것처럼, 우리의 상상을 멈추게 할 힘도 우리에겐 없습니다. 그래서인지 우리는 영혼의 모든 능력이 상상과 함께 옮겨지는 줄로 여겨서 하느님 앞에서 보내는 시간이 잘못 써졌다, 허사가 되었다 하고 생각합니다. … 그러기에 함부로 마음을 어지럽히거나 기도를 놓아 버리거나 해서는 안 됩니다."[13]

렉시오 디비나 혹은 메디타시오에서 깨달음을 얻거나 영적 기쁨을 체험하지 못해도, 심지어 이런 노력이 헛수고라는 생각이 들 때도, 말씀은 나의 내면과 영혼을 비추신다. 계시의 빛, 말씀의 빛은 내 존재를 밝혀 주신다. 하느님의 빛은 효과를 낼 것이다. 내가 듣고 읽은 말씀이 내 안에서 일하신다. 내 감각이 그것을 인지하지 못해도 참고 견디면 말씀은 결실을 볼 것이다. 나는 주님과 함께 계속 길을 갈 수 있고, 하느님 앞에서 살 수 있다.

성녀는 묵상기도를 물 긷는 일에 빗대어 설명한다. 기도할 때 종종 우리를 찾아오는 지루함과 건조함은, 감각을 고요하게 하고 말씀기도에 집중하고도 물을 한 방울도 얻지 못한 상태이다. 다시 말해 좋은

---

12 같은 책, 106-107쪽.
13 같은 책, 108쪽.

생각이 단 하나도 떠오르지 않는 경우이다. 성녀는 성경을 읽고(렉시오) 묵상하는(메디타시오) 행위를 주님이 우리 영혼에 만드신 정원에 물을 대기 위해서 우물에서 물을 길어 올리기 시작한 일에 비유한다.

> 하느님이 그 안에서 물을 찾게 해 주시길 바랍니다! 그러나 적어도 그것은 우리에게 달려 있지 않습니다. 우리의 임무는 물을 긷는 것이며, 이 꽃들에게 물을 주기 위해 우리가 할 수 있는 일을 하는 것입니다. 하느님께서는 매우 인자하셔서, 엄위하신 주님만이 아시는 이유로 ― 어쩌면 우리의 더 큰 이익을 위해서 ― 우물을 마르게 하십니다. 우리는 좋은 정원사들처럼 우리의 힘으로 할 수 있는 모든 일을 해야 합니다. 그동안 주님께서는 물이 없어도 꽃들이 살아 있게 하시고, 우리의 덕이 자라나게 해 주십니다. 여기서 '물'이란 곧 '눈물'을 뜻합니다. 눈물을 흘리지 않는 경우에는 부드러운 사랑의 감정, 내적인 경건한 열정을 가리킵니다.[14]

성경을 읽으며 깊이 공감하고, 말씀이 마음을 울려 눈물이 흐를 때가 있다. 하느님이 너무 좋고 감사하여 그분을 잘 섬기고 싶은 마음이 샘솟는다. 그분이 하신 일이 너무도 놀라워서 경건해지며 열심히 살고 싶은 마음이 생긴다. 성녀는 이런 내적 변화를 물 긷는 일로 표현했다. 또한 좋은 생각이 떠오르지도 않고, 아무 느낌 없이 지루하게 글자만 읽을지라도 우리 내면에 좋은 열매가 맺어지고 있다고 말한다.

---

14 아빌라의 성녀 데레사, 《아빌라의 성녀 데레사 자서전》, 고성·밀양 가르멜 여자 수도원 옮김, 분도출판사, 2015, 112-113쪽.

영혼에서 일어나는 일이기에 눈에 보이지는 않고 느끼지 못할지라도 말씀의 빛은 우리를 비추며 뜻한 바를 이룬다고 믿는다. '하느님은 물 없이도 우리의 꽃을 보존하시고 우리의 덕을 자라게 해 주실 것'이기 때문이다.

필요한 것은 충실함과 끈기이다. 처음 렉디콘을 할 때 오경의 난관인 탈출기 중반부터 레위기를 통과하고 나면, 성경 전체를 한두 번 렉디콘 하는 동안에는 내적 메마름과 지루함을 겪지 않을 것이고, 겪더라도 큰 어려움 없이 지나갈 수 있다. 오히려 이런 메마름과 지루함은 렉디콘을 수차례 거듭한 사람에게 찾아온다. 이 책을 길잡이 삼아 렉디콘을 시작한 독자들이 첫 시도부터 이런 상황을 경험하게 될지도 몰라 이야기를 꺼내게 되었다. 사실 아무 생각도 나지 않는 시기를 견디는 일은 상당히 힘들다. 하지만 성녀는 그때가 하느님을 향한 의지가 완전해지고 튼튼해지는 때라고 말한다.

> **Tip**

우리의 영혼은 세 가지 주요 기능과 두 가지 부차적인 기능을 지니고 있다. 주요 기능은 정신/마음과 이성과 의지이다. 부차적인 기능은 상상력과 감각이다. 이성과 의지는 상상이나 관능과 마찬가지로 일을 한다. 그러나 마음은 네 가지 기능 모두를 지탱하고 포괄한다.

  이성은 우리가 악한 것과 선한 것, 나쁜 것과 더 나쁜 것, 좋은 것과 더 좋은 것, 더 나쁜 것과 가장 나쁜 것, 더 좋은 것과 가장 좋은 것을 구별하게 해 주는 기능이다. 인간이 죄짓기 전에는 이성은 이 모든 일을 할 수 있었다. 지금은 은혜로 눈이 밝아질 때만 할 수 있다.

  의지는 이성에 의해 확인된 선을 취하게 하는 기능이다. 의지를 통해서 하느님을 사랑하고, 바라며, 완전히 동의하는 가운데 하느님 안에서 살아가게 된다. 지금은 원죄로 오염되어서 겉만 선할 뿐 실제로는 악한 일을 선한 일로 평가하는 경우가 잦다.

  상상은 우리가 무엇인가를 그려 내도록 하는 기능이다. 원죄 전에는 상상이 주인인 이성에게 고분고분하고 순종해서 육적으로나 영적으로 왜곡되고 허황된 것은 그려 내지 않았다. 상상이 이성 안에서 은총의 빛으로 제어되지 않을 경우, 주변 세계에 대한 여러 가지 왜곡된 생각들이나 영적 개념을 물질적 관계로 인식하든지, 물질적 개념을 영적 관계로 인식하는 데 불과한 환각들을 끊임없이 펼쳐 보인다. 이런 상상은 자신의 비참함이나 주님의 수난 같은 영적인 일들을 부단히 묵상하고 난 후 은총의 빛으로 통제되는 순간이 온다.

  감각은 육체의 오감 안에서 활동하는 영혼의 능력이다. 우리는 감각을 통해 형태를 지닌 피조물이 유쾌한지 불쾌한지를 알고 경험한다. 감각은 두 가지 기능을 하는데, 육체적 필요를 살피거나 육체적 욕망에 대처하는 작용을 한다. 몸에 필요한 것이 채워지지 않으면 불평하고, 필요가 충족된 때에는 더 나아가서 욕구를 유지하고 조장하는 것 이상을 얻어 내도록 밀어붙인다. … 감각은 의지 안에서 은총으로 다스려져서 원죄의 결과를 겸허하게 온전히 견디어 낼 채비를 갖출 때, 몸의 필요를 보살피고 적절하게 욕망에 대처하게 될 것이다(클리프턴 월터스, 62-67항 참조).

4. 응답하기: 오라시오 Oratio

> 말씀을 듣고, 인식했음을 표현한다.
> 사랑과 믿음으로 응답한다.
> 말씀을 간직한다. 기억에 되새긴다.
>
> "마음으로 믿어 의로움을 얻고, 입으로 고백하여 구원을 얻습니다"
> (로마 10,10).

오라시오는 보통 '기도하기'라고 하는데, 메디타시오를 통해 알아들은 말씀에 반응하고 응답하는 것이다. 평소에 하던 청원기도와는 다르다. 렉시오와 메디타시오 단계에서 말씀을 이해하기 위해 주로 이성과 지성이 작용했다면, 여기서는 응답하기 위해 의지를 발동한다. 마음으로 말씀의 뜻을 느끼며 응답한다. 읽은 내용에 대해, 혹은 그 말씀과 내 삶이 연결되고 만나는 부분에 대해, 특히 어떤 양상으로든 마음을 건드리는 말씀에 대해 주님께 생각이나 마음을 표현해 본다. 이때 구체적인 반응을 보이는 것이 중요하다. 그 말씀을 실행할 수 있도록 도움을 청하는 기도를 할 수도 있다.

응답하기는 마음을 열어 말씀을 받아들이는 행위다. 당신 자신을 열어 보이며 말씀을 건네신 하느님께 나를 열어 보인다. 이렇게 하여 하느님과 우리 사이에 진솔한 소통이 이루어진다. 단순한 교류가 아니다. 창조주요 구원자이신 하느님이 먼저 말씀을 건네셨기에, 말씀이 우리에게 와닿는 즉시 좋은 결과를 내기 시작한다. 그러면 우리 마음은 촉촉해지고 하느님을 향한 경건한 정이 솟아난다. 다른 이와 맺는 관계에서 일어나는 일들을 관대한 눈빛으로 바라보게 된다. 그렇기에 응답은 대개 감사와 찬미가 주를 이룬다.

메디타시오나 오라시오를 하는 중에 기억 속의 장면들이 되살아날 때가 있다. 평상시에는 생각하지 않고 무의식 속에 저장되어 있던 기억이 떠오르는 것이다. 기쁘고 행복한 일도 있지만, 아픔이나 고통을 안겨 준 일도 있다. 아주 먼 과거, 어린 시절이나 청소년 시절의 일이 생각나면 말씀의 빛으로 그 일을 바라본다. 주님께서 말씀의 빛으로 과거의 아픔을 치유해 주실 것이다.

일상에서 볼 수 있는 빛의 원리를 이용한 것 중에 적외선 온열치료가 있다. 상처가 난 자리에 적외선을 쬐어 통증을 완화하는 방법이다. 이처럼 말씀의 빛, 계시의 빛이 렉시오 디비나 콘티누아를 통해서 우리를 비춘다. 매일 말씀의 빛 아래 나를 둘 때, 그 빛은 내가 알지 못하는 방식으로 마음과 영에 침투하여 내면의 상처를 치유한다. 햇빛의 힘은 무척 강하다. 마당에 세워 놓은 주차 금지 팻말에 쓰인 적색 글씨가 3-4년이 지나니 색이 바랬다. 앞치마나 테이블보에 묻은 얼룩도 재빨리 세탁하여 햇빛이 잘 드는 곳에 널면 지워지지만, 묵혀 두거나 햇빛을 보지 못하면 지우기 힘들다. 태양 빛이 이와 같다면, 주님의 빛은 어떻겠는가? "너희의 죄가 … 다홍같이 붉어도 양털같이 되리라"(이사 1,18). 빛은 어둠을 몰아낸다. 주님의 빛, 말씀의 빛은 우리 내면의 어둡고 눅눅한 곳을 밝히고 뽀송뽀송하게 한다. 그 상쾌함과 가벼움을 알고 평온하고 감사한 마음으로 잠시 머무는 것도 하나의 응답이다.

메디타시오 단계에서 늘 충만한 상태만을 누리는 것은 아니다.

아무 느낌도 없고 드릴 말씀이 없을 때도 있다. 그럴 때는 주님께 이성과 의지로 응답하면 된다. 오늘 읽고 들은 말씀 중에 한 부분을 선택하여 읊조리며 말씀이 이루어지기를 기원하는 기도를 드린다. 오라시오 시간은 길지 않다. 길어야 2분, 대개 1분 이내이다. 물론 말씀으로 벅차서 감사와 경탄의 말을 반복하며 길어질 수도 있다. 그런 때는 충분히 표현하고 응답한다. 진실한 관계에서 오가는 말은 간단할 때도 있고 장황할 때도 있다. 한 음절의 대답으로도 진심이 오갈 수 있다.

5. 관상하기: 콘템플라시오 Contemplatio

> 말씀을 간직하고 말씀 안에 잠시 머무른다.
> 전체를 바라보며 침묵 중에 응시한다.
>
> "너희가 내 말 안에 머무르면"(요한 8,31).
> "너희는 내 사랑 안에 머물러라"(요한 15,9).
> "그 속에서부터 생수의 강들이 흘러나올 것이다"(요한 7,38).

말씀 안에 머무른다. 내게 이루어지기를 바라는 하느님 말씀을 찬찬히 되뇌며 온 마음과 정신을 쏟는다. 마음에 품고 기억에 담아 말씀을 음미한다. 이 단계는 말씀에 잠겨 머물러 있는 상태이다. 영혼에는 정신, 이성, 의지, 상상, 감각 등의 기능이 있다. 콘템플라시오는 이러한 영혼의 내적 능력이 온통 하느님께 사로잡혀 그분과 일치를 이루는 상태이다. 이는 온전히 주님의 은총에 의해 이루어진다. 예수의 데레사는 이 상태를 기도의 셋째 단계라고 하며, 이때 정원사는 물을 긷기 위해 하는 일이 거의 없고 하느님이 그 일을 다 하신다고 말한다. 영혼은 하느님을 생각하는 것 외에는 아무것도 할 수 없고, 어떤 기능도 작동하지 않는다. 그저 하느님의 영광을 소리 높여 외치며 하느님을 찬미하고 그분을 향하여 탄성을 올린다.[15]

관상이 이렇게 수동적인 일이라면 이 단계에 무슨 의미가 있는가? 렉시오 디비나 콘티누아는 하느님과 함께 걷고 하느님 앞에서 사는 '하느님과의 일치'를 지향한다. 하느님과의 일치는 그분께 달렸고 우리의 영역이 아니라고 신비가나 영성가들은 말했다. 하지만 말씀을 깨닫고 그 안에 잠기는 일은 우리가 할 수 있지 않을까? 렉시오 디비나에 따라 읽은 말씀의 빛 앞에 머무른다. 그 빛에 내 존재를 맡긴다. 말씀에 잠겨 마음에 품은 말씀을 음미한다. 하느님과 함께 머무른다. 잠시라도, 단 1분이라도 조용히 함께 있음을 의식한다. 하느님을 향해 비우는 시간, 그분을 기다리는 시간이다. 콘템플라시오의 주체는 하느님이심을 알고 대기하는 시간이다. 시간의 주인인 하느님께서 우리에게 허락하신 시간이다. 하느님께 받은 시간을 다시 내어놓는다. 고요 속에 가만히, 하느님과 함께.

렉디콘 전체가 하느님 말씀을 듣는 시간이지만, 렉시오 디비나를 하며 그분을 기다리는 시간을 매일 마련한다면 콘템플라시오를 통해 그 말씀에 좀 더 깊이 들어가고, 들은 말씀이 실제가 되는 훈련이 될 것이다.

그러니 알아들은 메시지와 깊이 와닿은 말씀에 조용히 잠긴다.

---

15 아빌라의 성녀 데레사, 앞의 책, 163-169쪽 참조.

말씀이 우리 마음과 기억에 머물고, 우리도 말씀 안에 머무르면, 일상생활 중에 자연스럽게 말씀이 떠오르고, 말씀이 비추는 대로 행동할 수 있게 된다. 어떤 선택을 하거나 행동을 할 때 성경 말씀이 떠올라서 그에 따라 결정한 체험이 한 번이라도 생기면, 그 후로는 그런 순간이 늘어날 것이다. 그렇게 점차 말씀에 물들면 참으로 주님 말씀이 나의 길을 비추는 등불이 될 것이다.

6. 기록하기: 스크립시오 Scriptio

> 렉디콘 여정을 노트에 기록한다.
> 가장 깊이 와닿은 성경 말씀을 적는다.
> 특히 기억할 만한 체험은 '나의 인생 여정'(별책)에 표시한다.
>
> "너희는 이 사십 년 동안 광야에서 주 너희 하느님께서 너희를 인도하신 모든 길을 기억하여라"(신명 8,2).
> "내 영혼아, 주님을 찬미하여라. 그분께서 해 주신 일 하나도 잊지 마라"
> (시편 103,2).

오늘 읽은 성경 말씀에서 특히 마음에 와닿은 구절이나 단어를 노트에 쓴다. 주님께서 내게 들려주신 말씀이거나 기도일 수 있다. 말씀의 빛으로 바라본 나의 일상이 떠오르면 짧게 기록한다. 혹시 과거의 기억이 떠올랐다면 아주 간략히 표시한다. 기록할 내용이 없는 날은 날짜와 읽은 범위를 적고, 읽지 못한 날에는 사유라도 적는다. 기록하기는 시작한 일이 목적지에 닿도록 촉진하는 보조 수단이고, 새로 맺은 관계(성경과 나, 렉디콘을 통해 새롭게 알게 될 주님과 나의 관계)를 다지는 신의와 성실성의 표현이다.

그러나 기록을 하는 일차적인 이유는 주님께서 인도하신 모든 길을 기억하기 위해서이다. 그래서 렉디콘을 하는 자신의 영적 여정을 표시하는 것이다. 오경의 성조들은 어느 곳에서든 하느님 체험을 하면 나름대로 표시를 해 두었다. 그곳에 제단을 쌓고 주님의 이름을 받들어 부르거나(창세 12,8), 돌을 가져다 기념 기둥으로 세우고 기름을 붓거나(창세 28,18), 고유한 하느님 체험이 반영된 지명을 붙였다(창세 16,13-14의 '브에르 라하이 로이'; 창세 32,31의 '프니엘'). 나의 성경 영적 여정을 기록하는 것도 이와 같다. 생각을 정리하고 객관적으로 보기 위해서는 글로 쓰는 것(언어화)이 유익하다. 매일매일 여정의 기록이 쌓이면 그 속에서 어떤 흐름과 줄기를 보게 된다. 무엇보다도 이 기록 행위를 통해 하느님 말씀이 내 안에 머물고 기억되어 큰 은총을 받을 것이다. 그 말씀이 내가 가는 길을 인도하기 때문이다.

7. 감사하기: 그라시아룸 악시오 Gratiarum Actio

> 마무리기도.
> 사람에게 열려 있는 감사 행동.
>
> "바르고 착한 마음으로 말씀을 듣고 간직하여 인내로써 열매를 맺는 사람들이다"(루카 8,15).

말씀을 읽고 듣고 묵상하고 기도할 수 있음에 감사드린다. 따로 떼 놓은 렉디콘 시간이 흩어지지 않고, 하느님 안에서 이루어진 영적 여정이 되도록 기도로 마무리한다. 시작하며 준비기도로 하느님 현존을 청하고 그 앞에 머물렀음을 다시 한번 확인하는 시간이다.

종합

렉디콘 방법을 7단계로 나누어 안내하였지만, 모든 단계가 자로 잰 듯 정확하게 구분되어 진행되지는 않는다. 특히 2단계에서 5단계까지, 곧 렉시오(읽기), 메디타시오(생각하기), 오라시오(응답하기), 콘템플라시오(관상하기)는 한꺼번에 일어나기도 한다. 렉시오를 하는 동안 메디타시오가, 때로는 콘템플라시오까지 이루어질 때도 있다.

렉시오 디비나를 하는 동안에 일어나는 역동은 다음 표를 참조하라.

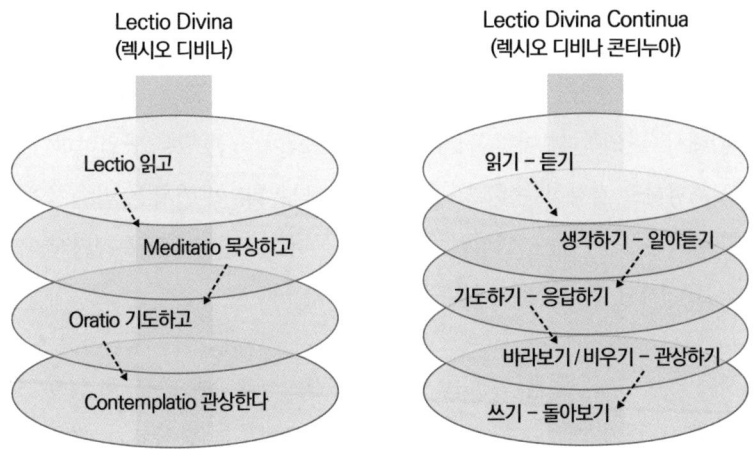

하느님과 함께 걸어온 여정

☑ 나의 인생 여정

주님이 인도하신 모든 길을 기억하고, 주님이 해 주신 일을 하나도 잊지 않기 위해서 '나의 인생 여정'을 기록한다. 하느님이 하신 일은 영원하다. 기억하고 기념하고 감사하는 한 그 은혜는 길이 남는다. 이 기록은 탈출기와 레위기에 나온 모든 제사, 기념일, 축제일을 본떠 만드는 '나의 축제력'(축제일, 기념일이 기록된 달력)의 바탕이 될 것이다.

별책에 있는 '나의 인생 여정'을 펼쳐 보자(《하느님과 함께 걸어온 여정》 9-17쪽; 159-167쪽). 내가 태어난 날에서 시작하여 오른쪽으로 화살표가 뻗어 나간다. 인생 여정을 연대기적인 선으로 표시한 것이다. 이 지점 위로 렉티콘을 하는 현시점의 연도를 기록할 수도 있다. 아직 진행 중이라는 의미다. 표시된 선을 기준으로 위쪽에는 기쁨, 성공, 희망 등 긍정적으로 여겨진 사건과 일어난 시기를 표시한다. 아래쪽에는 슬픔, 고통, 좌절 등 부정적으로 기억된 사건이나 시기를 적는다.

생년월일   렉디콘을 하는 해

'나의 인생 여정'은 모두 4회 기록한다. 역사서, 시서와 지혜서, 예언서, 복음서를 각각 읽을 때 혹은 읽은 후 기록한다. 예언서를 읽고 기록하는 세 번째 작업까지는 같은 도표에 하고(구약으로 보는 나의 인생 여정), 복음서를 읽고 기록하는 마지막 '나의 인생 여정' 작업은 새로운 도표에 한다(신약으로 보는 나의 인생 여정).

처음에는 연필로 기록하는 것이 좋다. 성경을 읽어 나가며 눈이 뜨이고 해석이 달라지며 수정하고 싶을 때가 종종 생기기 때문이다. 어떤 때는 지우지 않고, 새로운 해석에 따라 다른 자리로 이동하여 표시하기도 한다.

☑ 나의 축제력

성경 읽기 기록 Scriptio 노트와 '나의 인생 여정'을 활용하여 매년 기념하고 싶은 날을 축제력에 표시한다(《하느님과 함께 걸어온 여정》 19-35쪽).

IV

렉시오 디비나
콘티누아
흐름의 개요

이 장에서는 성경 전체의 흐름을 파악할 수 있도록 성경 각 권의 요점을 제시한다.

    오경과 역사서는 첫 부분으로 이어지는 책들의 배경이 된다. 오경은 신구약 성경 전체의 토대이고, 역사서는 사무엘기에서 중심이 되는 인물이 제시되기에 좀 더 상세히 안내한다. 이는 렉시오 디비나 콘티누아가 자리를 잡는 데도 도움이 될 것이다.

    그 외의 책들은 요점을 간략히 짚거나 필자가 선호하는 장절을 소개한다.

1 오경

1. 창세기

1-11장은 역사가 시작되기 이전 태고의 이야기다. 인간 삶의 보편적 요소들을 관조할 수 있도록 신화적인 언어로 서술했다. 인간은 어떤 존재인지(창조), 왜 고통을 겪으며 죄를 짓는지, 그래도 인간에게 희망은 있는지, 어떻게 살아나게 되는지(구원)를 원형론적으로 접근한다. 그래서 인생을 관조하는 마음으로 읽는다. 그 안에서 생의 본질에 대한 진리가 무엇인지 살피려는 것이다. 사실 이 부분은 성경 전체의 개론이기도 해서 처음 읽으면서 모든 것을 이해하고 깨닫기는 어렵다. 그러나 아주 강력하고 빛나는 메시지가 담겨 있으니 흥미를 갖고 읽기 바란다.

1장: 인간과 하느님의 관계
- 창조주이신 야훼 하느님이 인간과 그의 삶의 터전을 만드신다.
- "빛이 생겨라"(3절) 하고 말씀하시니 빛이 생겨나 어둠을 몰아낸다.
- 세상 만물의 존재 원리를 밝힌다. 세상에는 닮은 것도 있고 다른 것도 있다. 존재하는 것에는 고유성과 보편성이 있다. 동사 '가르다', '나누다'가 반복해서 나온다. 온 우주도 하늘과 땅으로, 물과 물로 나뉜다. 생물들은 땅, 하늘, 물과 같이 생장하고 생활하는 터전이나

유사성에 따라 구분된다. 동물들도 길짐승, 날짐승, 물짐승으로 '제 종류대로', 식물들도 꽃이 피고 씨와 열매를 맺는 풀과 나무로 '제 종류대로' 만들어진다.
- 사람은 동식물과 달리 '제 종류대로' 창조되지 않고, 하느님에게서 비롯한 유사성을 지닌다. "우리와 비슷하게 우리 모습으로 사람을 만들자"(26절). 사람은 하느님을 닮은 존재, 하느님의 모상 Imago Dei이다.
- 당신이 만드신 모든 것, 존재하는 모든 것에 대해 하느님은 '좋다'고 하신다.

2장: 땅에 사는 사람에 대한 이야기
- 하느님은 사람을 만드시고 살아갈 터전(에덴)을 마련하시어, 그를 그곳에 두신다. 에덴에는 일과 규칙이 있다. 일은 동산을 일구고 돌보는 것이고, 규칙은 선과 악을 알게 하는 나무 열매를 따 먹지 않는 것이다. 하느님은 금령으로 사람이 해서는 안 되는 일이 있음을 상징적으로 알려 주신다.
- 하느님은 사람에게 동반자를 만들어 주신다. 사람은 동반자 사람을 보고 외친다. "이야말로 내 뼈에서 나온 뼈요, 내 살에서 나온 살이로구나! 남자(이쉬)에게서 나왔으니 여자(이샤)라 불리리라"(23절). 사람은 다른 사람에게서 유사점과 차이점을 찾아내고 감탄한다. 둘 사이는 동등하다.

3-4장: 인간이 겪는 고통의 원인과 확산
- 사람이 해서는 안 되는 일을 한다. 그리하여 사람과 사람 사이에 가

릴 일과 거리가 생긴다. 하느님을 피하고 숨는다. 죄의 결과이다.
- 하느님이 사람을 찾으신다. "너 어디 있느냐?"(3,9). 우리는 답해야 한다. 나는 지금 어디에 있는가?
- 죄의 결과로 사람을 에덴에서 추방하신다. 사람은 죽을 운명에 처한다. 선과 악을 알게 하는 나무에 대해서는 말하지 않는다. 나무 자체가 중요한 것이 아니었다. 인간의 자유에는 한계가 있으니, 절대 해서는 안 되는 일이 있다는 가르침이다.
- 사람을 죄로 유인하는 유혹의 근원이 여자의 후손에 의해 극복되리라는 원原복음이 선포된다.
- 카인과 아벨을 통해 시기·질투의 결과를 알려 준다. 주님이 카인에게 하신 경고를 귀담아들어 보자. 하느님은 카인이 악의 진행과 실행을 스스로 막기를 바라면서 질문하신다. "너는 어찌하여 화를 내고, 어찌하여 얼굴을 떨어뜨리느냐? 네가 옳게 행동하면 얼굴을 들 수 있지 않느냐? 그러나 네가 옳게 행동하지 않으면, 죄악이 문 앞에 도사리고 앉아 너를 노리게 될 터인데, 너는 그 죄악을 잘 다스려야 하지 않겠느냐?"(4,6-7).
- 하느님은 땅에 흐른 피가 울부짖는 소리도 들으신다.
- 하느님은 울부짖는 이에게 응답하시고, 폭력을 행사한 이를 벌하신다.

5-6장: 악의 확산과 하느님의 진노
- 첫 사람 아담의 족보가 이어진다. 세상에 사람이 늘어나기 시작한다.
- 땅 위에 사람들이 많아지면서 힘센 이들, 곧 거인들과 권세 부리는 이들이 생겨난다.

- 그들은 아름다운 여자들을 골라 아내로 삼는다. 이쉬(남편)와 잇샤(아내)가 동등한 사람으로 만난 에덴의 세상에서, 힘센 이가 신붓감을 골라 아내로 삼는 세상으로 변질된다.
- 하느님은 세상에 사람들의 악이 많아지고 사람의 모든 생각과 뜻이 언제나 악한 것을 보시고 마음 아파하신다.
- 하느님이 세상을 쓸어버리기로 정하신다.
- 세상이 온통 타락했으나 당대에 의롭고 흠 없는 사람이 하나 있다. 그가 흠 없고 의로울 수 있는 것은 하느님과 함께 살아갔기 때문이다.
- 하느님은 노아를 구하고자 방주를 만들라고 명령하신다. 하느님의 말씀을 듣고 그대로 한 노아와 더불어 수많은 생명체가 구출된다.

7-8장: 홍수 이야기
- 하느님은 40일 동안 비를 내리시어 온 세상의 모든 생명체를 멸하신다. 물은 150일 동안 계속 불어난다.
- 하느님이 노아와 방주에 있는 모든 짐승을 기억하신다. 그리하여 바람을 일으키시니 땅에서 물이 내려간다. 하느님의 기억하심은 곧 행동하심이다.

9-11장: 방주에서 나온 노아와 그 후손들과 계약을 맺으신 하느님
- 하느님이 사람과 계약을 맺으신다. "내가 너희와 내 계약을 세우니, 다시는 홍수로 모든 살덩어리들이 멸망하지 않고, 다시는 땅을 파멸시키는 홍수가 일어나지 않을 것이다"(9,11).
- 노아의 아들 셈과 함과 야펫을 통해 후손이 늘어나고, 온 땅으로 사

람들이 퍼져 나간다.

- 온 세상을 채운 사람들은 탑을 세워 명성을 떨치고 세상의 중심이 되려 한다. 하늘까지 닿는 탑을 세우고 세력을 떨쳐 세상 위에 군림하려 하니 하느님이 그들을 흩어 버리신다. "이것은 그들이 하려는 일의 시작일 뿐, 이제 그들이 하고자 하는 것은 무엇이든 못할 일이 없을 것이다"(11,6). 어느 한 집단이 중심이 된 세상은 다른 사람들에게는 악몽이기 때문이다. 하느님을 거스르는 마음과 말들이 흩어진다.

12-50장: 성조 아브라함, 이사악, 야곱과 에사우 그리고 요셉과 형제들의 이야기가 서술된다. 크게 네 단락으로 나누어 요점을 짚을 것이다. 이 대목을 읽을 때 각별히 다가오는 인물이 있을 수 있다. 3대 성조, 사라나 하가르, 아니면 이름 없는 사람일 수도 있다. 누군가에게 눈길이 가면 유심히 바라본다. 그의 말과 행동, 무엇보다도 하느님이 그를 어떻게 이끄시는지 살펴본다.

① 아브라함

12,1-24,61; 25,1-11: 하느님이 말씀하시는 대로 길을 떠나는 아브람(17,5에서 '많은 민족들의 아버지'라는 뜻의 아브라함으로 이름이 바뀐다)의 여정을 본다. 그는 하느님과 어떤 관계를 맺었는가? 아내와 조카를 어떻게 대했는가? 주님 앞에서 살아가는 사람을 바라본다.

- 하느님이 노아의 후손을 통해 세상을 다시 시작하셨지만, 세상에는 또다시 악이 넘쳐 난다. 그분은 이 세상을 사는 법을 인간에게 가르

치신다. 당신이 부르신 한 사람을 본보기 삼아 당신 앞에서 걸으라고 구체적으로 알려 주신다.

- **12,1-3:** 주님께서 아브람을 부르시어 고향과 친족과 아버지의 집을 떠나라고 하신다. 주 하느님의 말씀을 따르려면 우선 우상숭배가 만연한 곳을 떠나야 한다. 그리고 안정과 부富를 떠나야 한다. 종국에는 세상이 그로 인해 복을 받을 것이다. 아브라함의 존재 자체가 복이 될 것이다. "내가 너에게 보여 줄 땅으로 가거라. 나는 너를 큰 민족이 되게 하고, 너에게 복을 내리며, 너의 이름을 떨치게 하겠다. 그리하여 너는 복이 될 것이다. 너에게 축복하는 이들에게는 내가 복을 내리고, 너를 저주하는 자에게는 내가 저주를 내리겠다. 세상의 모든 종족들이 너를 통하여 복을 받을 것이다."

- **13,8-9:** 조카를 대하는 아브람의 관대함을 본다. "우리는 한 혈육이 아니냐? 너와 나 사이에, 그리고 내 목자들과 너의 목자들 사이에 싸움이 일어나서는 안 된다. 온 땅이 네 앞에 펼쳐져 있지 않느냐? 내게서 갈라져 나가라. 네가 왼쪽으로 가면 나는 오른쪽으로 가고, 네가 오른쪽으로 가면 나는 왼쪽으로 가겠다."

- **16,8:** "사라이의 여종 하가르야, 어디에서 와서 어디로 가는 길이냐?" 하가르 역시 나중에 한 민족을 이루는 조모가 된다. 하가르는 성경에서 하느님을 체험한 첫 번째 여인이다. 주님이 도우시는 그는 여전히 '사라이의 여종 하가르'라고 불린다. 그가 받은 질문은 의미심장하다. 그 질문을 나에게 적용해 본다. "어디에서 와서 어디로 가는 길이냐?"

- **17,19:** "아니다. 너의 아내 사라가 너에게 아들을 낳아 줄 것이다. 너

는 그 이름을 이사악이라 하여라. 나는 그의 뒤에 오는 후손들을 위하여 그와 나의 계약을 영원한 계약으로 세우겠다." '이사악'은 '그가 웃다'라는 히브리어 '이츠학크'에서 나온 이름이다.

- **18,1-8:** 나그네를 대하는 아브라함의 태도에 주목한다. 아주 공손하게 말하고 서둘러 음식을 준비하고 극진히 대접하는 아브라함의 행동을 표현한 동사, 부사, 형용사 들을 눈여겨본다.

- **18,9-15:** 아브라함이 천막에 있는 사라에게 아이를 점지해 주시는 말씀을 듣는다. 사라도 아브라함처럼 이 말을 듣고 속으로 웃는다.

- **18,16-33:** 17절에서 하느님이 아브라함을 어떻게 생각하시는지 드러난다. 아브라함은 소돔과 고모라를 위해 아주 어렵게 여러 번 조건을 바꾸며 중재기도를 한다. 그의 청원에 귀를 기울이시는 하느님을 본다. "제가 다시 한번 아뢴다고 주님께서는 노여워하지 마십시오. 혹시 그곳에서 열 명을 찾을 수 있다면……?" "그 열 명을 보아서라도 내가 파멸시키지 않겠다"(32절).

- **22,3-19:** 하느님의 말씀을 따르는 아브라함의 태도에 주목하며, 아브라함과 이사악의 대화를 듣는다. 이 대목은 누구나 인생에서 겪는 시험과 고난을 이야기한다. 어떤 상황에서도 하느님의 말씀을 우선시하는 아브라함이 두드러진다.

- **24,3-61:** 아브라함은 늙고 나이가 들자 아들 이사악의 신붓감을 고향에서 데려오도록 집안의 충직한 종을 보낸다. 아브라함의 말에서 그가 하느님을 어떻게 인식하고 있는지가 드러난다. 아브라함의 종이 간직한 믿음과 충직함을 본다. 레베카도 눈여겨본다.

② 이사악

24,62-28,4; 35,27-29: 아브라함은 메소포타미아 땅에서 나와 이집트까지 내려갔고, 팔레스티나 땅도 위아래로 다니면서 유랑했다. 그와 달리, 이사악은 팔레스티나 땅에서만 나그네살이를 했다. 그는 부모가 아주 늙은 나이에 얻은 아들로, 어린 시절 아버지 손에 의해 제단 위에 올려졌던(봉헌되었던) 체험이 있다. 연로한 아버지를 대신해 장작을 짊어질 정도의 힘이면 아버지를 뿌리치고 충분히 달아날 수 있었을 텐데, 저항하지 않고 죽기 직전까지 갔다. 다른 성조에 비해 평온한 그의 삶은 기도와 연관되어 있다.

- **24,63:** "저녁 무렵 이사악이 들에 바람을 쐬러 나갔다가 눈을 들어 보니…"라는 구절에서, 히브리어 성경과 칠십인역, 현대어 번역본 대부분은 이사악이 '묵상하기 위해' 들에 나간 것으로 표현한다.[16]
- **25,21:** 이사악은 임신하지 못하는 아내를 위해 기도한다. 성경에서는 불임인 여인이 기도하는 모습이 일반적인데, 남편이 기도하는 경우는 이사악이 유일한 듯하다. 주님은 기도를 들어주시어 아내가 임신하게 된다. 이사악의 특성을 나타내는 구절이다.
- **26,12-13:** 복음서에 나오는 씨 뿌리는 이의 비유에서 씨를 뿌리고 백 배를 수확한 사람의 예가 바로 이사악이다.
- **26,28-29:** 이사악의 됨됨이를 주변 사람들이 증언한다. 그는 주님께서 함께 계시며 복을 내려 주시는 사람이다.

---

[16] 최안나, 《창세기 해설서》, 성서와함께, 2018, 178-179쪽 참조.

- **27,1-40:** 이사악은 늙어서 눈이 어두워 잘 볼 수 없게 되었을 때 큰아들 에사우에게 축복하고 상속권을 주려 한다. 그런데 작은아들 야곱이 속임수를 써서 형의 복을 가로챈다. 이사악은 야곱에게 하늘의 모든 복을 빌어 주고 형제들을 그의 아래에 두며 족장권을 부여한다. 에사우가 사냥에서 돌아와 음식을 만들어 온 다음에야 이사악은 야곱에게 속은 것을 알고 깜짝 놀란다. 에사우가 자신에게도 복을 빌어 달라며 아버지께는 축복이 하나밖에 없느냐고 울부짖자 이사악은 있는 힘을 다해 에사우에게도 복을 빌어 준다. 이사악은 에사우의 운명을 언급한 후 동생의 지배를 벗어날 길을 수수께끼처럼 던져 준다.

- **27,41-28,5:** 에사우가 야곱을 죽이려고 벼른다는 말을 들은 레베카는 친정이 있는 먼 곳으로 야곱을 빼돌린다. 이사악은 이 일로 아내 레베카를 탓하지도 않고, 야곱을 따로 꾸짖지도 않는다. 그리고 아내의 말에 동의하듯 야곱을 보내며 이렇게 말한다. "일어나 파딴 아람에 있는 네 외할아버지 브투엘 댁으로 가서, 그곳에 있는 너의 외숙 라반의 딸들 가운데에서 아내를 맞아들여라"(28,2).

　20년 후 고향으로 돌아오던 야곱이 야뽁 나루에서 드린 기도(32,11: "사실 저는 지팡이 하나만 짚고 이 요르단강을 건넜습니다")를 보면, 이사악은 야곱을 거의 빈손으로 떠나보냈음을 알 수 있다. 아브라함의 종이 이사악의 신붓감을 구하러 갈 때 낙타 열 마리와 온갖 선물을 가지고 떠났던 것(24,10)과 비교해 보라. 이사악은 야곱이 축복을 받을 만한 사람이 되기 위한 여정이 필요함을 알고, 그를 조용히 내보낸다.

- **35,27-29**: 위의 이야기를 끝으로 이사악은 무대에서 사라지고 야곱의 여정이 소상하게 펼쳐진다. 그러나 결말에 와서, 눈도 안 보이고 나이들어 죽을 것 같던 이사악이 20년이 지난 때까지도 여전히 살아 있다는 사실이 드러난다. 그는 차마 죽지 못한 것 같다. 사랑하는 큰아들 에사우를 지켜야 했을 것이다. 에사우와 아버지 이사악의 관계를 암시하는 구절이 두 군데 있다. 에사우는 야곱을 죽이고 싶었으나 아버지가 살아 있는 동안에는 참는다. 아버지를 슬프게 할 수는 없었다. 야곱에게 속아서 자신에게 올 상속 재산을 날려 버린 아버지일지라도 말이다. "그래서 에사우는 '아버지의 죽음을 애도하게 될 날도 멀지 않았으니, 그때에 아우 야곱을 죽여 버려야지' 하고 마음속으로 생각하였다"(27,41).

　　　　　에사우는, 이사악이 야곱을 "파딴 아람으로 보내어 그곳에서 아내를 맞아들이게 하면서, … '가나안 여자들 가운데에서 아내를 맞아들이지 마라' 하고 당부하는 것과 … 자기 아버지 이사악이 가나안 여자들을 달갑게 여기지 않는 것"(28,6-8)도 알았다. 그래서 아버지의 일가인 큰아버지 이스마엘에게 가서 그의 딸을 아내로 맞아들인다. 에사우는 아버지를 슬프게 하거나 그가 싫어하는 일은 피한다. 이는 사냥꾼인 에사우가 먼 길을 떠나는 야곱을 해치지 않는 데서도 드러난다. 나중에 등장하는 야곱의 아들들이 형제 요셉을 팔아 버리고 그의 옷에 염소의 피를 적셔 아버지에게 가져가 그가 들짐승에게 당했다고 거짓말을 한 것(37,27-33)처럼, 에사우도 야곱을 죽이고 모른 척할 수 있었다. 그러나 그렇게 하지 않았다. 그래서인지 이사악은 야곱이 돌아온 후에야 숨을 거두고, 두 아들 에사우와 야곱이 장사를 지낸다. 이사악의 말년은 침묵으로 덮여 있지만, 두 아들이 화해하였으므로 그가 생을 복되게 마무리하였음을 짐작할 수 있다.

③ 야곱과 에사우

27,1-35,29; 46,1-50,14: 야곱의 파란만장한 생애가 펼쳐진다. 야곱의 여정은 형 에사우의 축복을 가로채고 아버지의 집을 떠나는 데서 시작된다. 야곱은 파딴 아람의 외삼촌 집에서 20년 동안 갖은 고생을 하고 고향으로 돌아온다. 그는 그 시간을 하느님과 함께 살아 낸다. 고된 삶 속에서 하느님을 체험하며 변화하고 성장한다.

고향으로 돌아오는 야곱은 제일 먼저 해결해야 할 일을 알고 실행한다. 형 에사우를 주인으로, 족장으로 모시는 일이다. 에사우를 주인이라 부르며 전갈을 보내고 호의를 얻고자 한다. 그리고 드디어 형과 상봉한다. 에사우는 장정 400명을 거느리고 올 정도로 부와 세력을 이루었다. 야곱은 절뚝거리며 일곱 번 땅에 엎드려 절을 하며 다가가고, 에사우는 달려와 야곱을 껴안고 입을 맞춘다. 그들은 부둥켜안고 함께 울었다(33,4). 놀라운 해후이다. 함께 우는 것은 매우 중요하고도 어려운 일이다.

에사우는 야곱이 주는 선물을 '빼앗긴 내 것', '원래 내 것이었던 축복으로 이룬 것'이라 하지 않는다. "네 것은 네가 가져라" 하고 모두 야곱이 이룬 것으로 선언해 준다(33,8-10). 라반이 야곱의 재산을 두고 했던 말들을 생각해 보면(31,43), 에사우의 말이 범상치 않음을 알 수 있다. 이사악은 큰아들 에사우가 올바로 자라 자리를 잡도록 지키고 도와준 것 같다. 야곱 역시 축복을 차지할 만한 사람으로 성장했다.

- **27,18-19**: 야곱은 "너는 누구냐?" 하고 묻는 아버지에게 자기는 아버지의 맏아들 에사우라고 말한다. 이때 그는 더 이상 야곱이 아니다. 자기 이름을 잃는다.
- **28,10-12**: 야곱은 길에서 밤을 지내며 꿈을 꾼다. 꿈에서 꼭대기가 하늘에 닿아 있는 층계가 땅에 세워진 것을 본다. 층계는 그의 불안정한 미래와 멀어져 버린 장자권을 그리는 듯하다. 천사들이 층계를 오르내리는 모습은 희망을 암시하는 것 같다.
- **29,11**: 야곱은 라헬을 만나자 입 맞추고 목 놓아 운다. 먼 길을 떠나 만난 사촌 사이에 나올 법한 일반적인 반응인가?
- **29,26**: 야곱을 속여 레아와 초례를 치르게 한 라반은 오히려 당당하다. 자기 고장에서는 작은딸을 맏딸보다 먼저 주는 법이 없다는 것이다. 너희 고장에서는 수작을 부려 아우가 형을 앞질렀을지 모르나 '우리 고장'에서는 어림도 없다고 말하는 듯하다. 야곱의 과거 처사를 아는 이가 하는 말이다.
- **30,2**: 야곱이 사랑하는 아내 라헬에게 아이가 생기지 않는다. 라헬이 아이를 갖게 해 달라고 재촉하자, 자신이 하느님 자리에라도 있느냐고 화를 낸다. 그는 이사악처럼 기도하지 않는다. 못하는 것일지 모른다. 아마도 자신에게 과오가 있어 자신이 선택한 라헬에게 주님이 아이를 허락하지 않으신다고 생각할 것이다.
- **30,25**: 라헬이 아들을 낳으니 야곱은 이제 고향에 돌아가겠다고 라반에게 전한다. 하느님이 아이를 허락하셨으니 자기 죗값을 치렀다고 여기는 듯하다.
- **31,38-42**: 야곱이 파딴 아람에서 20년을 어떻게 살아왔는지 밝힌

다. 장인은 자신에게 인색하였고 의지할 데라고는 하느님밖에 없었음을 고백한다.

- **32,10-11:** 야곱은 절체절명의 순간에 하느님께 기도한다. 그동안 하느님께서 해 주신 모든 일은 그분의 자애요, 신의였고, 과분했음을 고백한다. 신붓감을 구해 오라며 그를 빈손으로 보낸 이사악의 뜻을 우리는 이제야 알게 된다.
- **32,28:** "네 이름이 무엇이냐"라는 물음에 드디어 야곱이 자기 이름으로 대답한다. 20년 전에 그는 자신을 에사우라고 했었다.
- **33,3:** 야곱은 형에게 다가갈 때까지 봉신이 종주국의 임금에게 인사하듯이 일곱 번 절을 한다. 절뚝거리는 걸음으로 나아가면서 말이다.
- **33,4:** 아름다운 화해의 장면이다. 에사우가 달려와 야곱을 껴안는다. 용서를 베푸는 입장에 있는 에사우가 먼저 손을 내밀고 껴안고 입을 맞춘 것이다. 그리고 둘은 함께 울었다. 함께 우는 것은 중요하다. 둘의 마음이 미움으로 갈라지면 같이 울 수 없다. 에사우와 야곱은 형제 관계를 회복한다.
- **33,9:** 에사우의 명대사가 나온다. "내 아우야, 나에게도 많다. 네 것은 네가 가져라." 죽이고 싶었던 형제에 대한 원한과 미움은 사라지고, 원수를 내 아우라고 부르며 '네 것은 네가 가지라'고 한다.
- **33,10-11:** 용서받은 야곱은 형에게 끝까지 예우를 갖추어 말한다. 그는 자신을 기꺼이 받아 준 에사우의 행동에서 마치 하느님의 얼굴을 뵙는 듯한 자비와 은총을 경험한다. 사람에게서 하느님의 얼굴을 본 일이 있는지 생각해 보자.
- **36,6-7:** 에사우에게서 할아버지의 모습이 보인다. 곧 아브라함이

롯에게 먼저 선택권을 주고 자신은 나머지를 가지고 떠난 모습이다. 창세기는 이스라엘 역사에서 주인공이 아닌 에사우의 이야기를 거의 생략하지만, 36장 전체를 할애하여 에사우의 후손들을 소상히 전하며 이야기를 끝맺는다.

④ 요셉과 형제들

야곱이 낳은 아들들(열두 형제)의 이야기이다. 특히 42-45장에는 '형제들', '너희 형제', '우리 형제(아우)'라는 단어가 반복하여 나타난다. 야곱은 라헬의 아들 요셉에게만 특별한 옷을 입히는 등 그를 편애한다. 10명의 형들은 그를 미워한다. 요셉은 아버지의 심부름으로 형들의 안부를 확인하러 나섰다가(37,16), 종국에는 집에서 멀리 떨어진 곳에서 형들에 의해 노예로 팔아넘겨진다. 요셉은 17세에 이집트로 끌려가 노예로 살다가 30세에 파라오의 꿈을 해석하여 노예살이에서 풀려나 재상이 된다. 그리고 7-8년 후 형들이 이집트로 곡식을 사러 오면서 재회한다.

요셉은 형들을 알아보지만 형들은 그를 알아보지 못한다. 요셉은 일을 꾸며 동복동생 벤야민을 데려다가 함께 살려 했으나, 동생 벤야민을 대신해 종을 자처하는 형 유다의 진심을 보게 된다. 형들이 강도떼로 돌변해 요셉을 팔아넘긴 지 20여 년이 훨씬 지난 다음에야, 비로소 진짜 형들을 되찾은 것이다. 요셉은 자신의 신분을 밝히고 형들 앞에서 운다. 자신이 이집트로 온 것은 형들 때문이 아니라 집안을 살리기 위해 하느님이 먼저 보내신 것이라 해석한다.

• 37,4	• 37,8	• 37,11	• 37,14
• 37,15-16	• 37,20	• 37,28	• 39,2
• 39,9	• 39,23	• 40,14-15	• 40,23
• 41,25	• 41,38	• 42,8-9	• 42,11
• 42,21	• 42,24	• 42,28	• 42,36
• 43,30	• 44,10	• 44,16	• 44,17
• 44,18.33-34	• 45,4	• 45,5	• 45,15
• 46,29-30	• 48,5	• 48,22	• 50,15-17
• 50,19	• 50,20-21	• 50,25	

2. 탈출기

탈출기는 이집트에서 종살이하며 신음하는 이스라엘 백성을 주 하느님이 구출해 내시는 이야기다. 이스라엘은 이집트에서 나와 약속의 땅으로 간다. 여기서는 사람보다는 야훼가 누구신지에 주목한다. 야훼 하느님이 당신의 힘을 떨치시며 이스라엘을 구해 내시고(1-15장) 시나이산에서 이스라엘과 계약을 맺으신다. 이스라엘은 하느님의 백성이 되어 그에 따른 법규와 규정을 갖는다(16-40장).

1-2장: 이집트에서 이스라엘이 번성하고 강해진다. 이를 경계한 이집트인들이 그들을 혹독하게 부리고, 이스라엘은 모진 고생을 한다. 이 흐름 속에서 모세가 태어난다.

- 1,6
- 1,7
- 1,8
- 1,12-13
- 1,16
- 1,17
- 2,1
- 2,4
- 2,9
- 2,10
- 2,14
- 2,15
- 2,23
- 2,24
- 2,25

3-4장: 모세가 하느님의 부르심을 받고 이스라엘 백성과 만난다. 하느님은 이스라엘의 고난을 보고, 울부짖는 소리를 듣고, 고통을 알고 계시기에 그들을 구하신다. 하느님에게 적용된 동사 '보다', '듣다', '알다'는 성경 이야기에서 핵심적인 역할을 한다. 지금은 보고 듣고 아는 주체가 야훼 하느님이시지만, 이제부터는 이스라엘이 보고 듣고 알게 될 터이니 읽는 이에게도 중요한 동사이다.

　모세는 양을 몰고 다니면서 광야를 거쳐 호렙산에 이르고, 거기서 신기한 체험을 하며 하느님의 부르심을 듣는다. 그리고 이스라엘을 파라오의 손아귀에서 빼내라는 사명을 받는다. 이집트라는 나라와 파라오의 권세가 얼마나 대단한지 아는 모세는 극구 사양하지만, 주님은 계속 격려하며 소명을 맡기신다. 하느님은 친히 함께 있겠다고 보증하시며 여러 표징을 보여 주신다. 모세는 결국 소명을 받아들이고 길을 나선다. 그의 손에는 생업으로 삼던 양치기의 주요 도구인 지팡이가 들려 있다.

- 3,1
- 3,2-3
- 3,4-5
- 3,7
- 3,10
- 3,11
- 3,12
- 3,14
- 4,13
- 4,14
- 4,18
- 4,31

5-15장: 야훼 하느님이 모세를 통해 당신이 누구신지를 이집트에 드러내신다. 동시에 이스라엘도 자기들의 하느님이 어떤 분이신지 더욱 뚜렷이 알게 된다. 이집트에 열 가지 재앙이 일어나는데, 야훼 하느님이 하신 일이 그분을 믿지 않는 이들에게는 재앙이 되고, 이스라엘에는 표징이 된다.

- 5,1
- 5,2
- 5,21
- 5,22
- 6,6
- 6,7
- 6,9
- 7,14
- 9,27-28
- 10,1-2
- 11,3
- 11,5
- 12,1
- 12,11
- 12,13
- 12,14
- 12,16
- 12,26-27
- 12,42
- 13,3
- 13,17
- 13,18
- 13,19
- 13,21
- 14,4
- 14,13-14
- 14,19
- 14,21-22
- 14,31
- 15,1
- 15,13
- 15,17

16-40장: 이집트에서 나온 이스라엘이 시나이산에서 야훼 하느님과 계약을 맺는다. 이스라엘이 하느님 백성으로서, 사제들의 나라로 사

는 길이 십계명과 계약의 책(계약 법전)에서 소개된다. 이를 통해 이스라엘은 하느님 백성의 관습과 문화를 형성한다.

- 15,23-25
- 16,8
- 17,2
- 19,5-6
- 20,2-3
- 23,2-3
- 23,9
- 23,11
- 23,12
- 23,20
- 24,3
- 24,7
- 25,8
- 28,12
- 28,29
- 28,30
- 29,43
- 29,45
- 32,10
- 32,11-13
- 32,25
- 32,32
- 33,9
- 33,11
- 33,13
- 33,17
- 34,9
- 34,29
- 35,21
- 36,2
- 37,1
- 39,32
- 40,36-37

3. 레위기

레위기는 렉시오 디비나 콘티누아를 할 때 만나는 난관 중 하나이다. 제물, 사제, 정결과 부정 등 읽는 이와는 도무지 무관한 내용으로 현실 생활과 동떨어진 이야기 같아서 지루하기 쉽다. 역사서가 끝날 무렵에 레위기가 배치되었다면 의미를 이해하기가 수월했을지도 모른다. 그런데 레위기는 가르침(토라)의 영역에 속하기에 오경으로 묶여 성경의 셋째 권으로 배정되었다.

이 책은 삶의 중요한 순간들을 어떻게 기억하고 기념할 것인지를 다룬다. 성경 거의 전체가 하느님이 사람을 어떻게 돌보고 이끄시는지에 중점을 두고 사람이 사는 길에 관심을 기울인다면, 레위기는 인간이 하느님을 어떻게 섬길 것인지 알려 준다. 그 규정들도 사람 이야기가 주를 이룬다. 레위기를 렉시오 디비나 할 때, 다양한 제사와 축일에 관한 법과 규정들에 담긴 인간관을 눈여겨보자. 읽는 이에게 종교 생활의 윤곽을 가르치므로 요점을 따라가다 보면 난관을 무난히 넘길 수 있다. 그보다 덜 어렵고 흥미진진한 민수기까지 넘기고 나면 막힘없이 오경 렉시오 디비나 콘티누아를 마칠 수 있을 것이다.

1-7장: 제물에 대한 가르침

제사의 종류가 나열된다. 제물 종류가 많고 제사 이야기를 길게 한다고 질리지 않길 바란다. 친교, 속죄, 보상 등 제물의 종류가 많은 것은 이스라엘 백성이 하느님과 상의하고 은혜를 입거나 입을 사안이 많다는 뜻이다. 제사란, 하느님께 예와 정성을 다하여 나의 문제와 인생을 이야기하는 삶과 몸의 언어라고 할 수 있다.

개인과 공동체가 바치는 제물이 다르고, 맡은 역할과 책임이 큰 공동체의 수장이 드리는 제물이 다르다. 또 제물의 종류를 가축, 곡식, 산비둘기 등으로 규정하여, 넉넉한 이든 가난한 이든 누구나 형편에 따라 바칠 수 있게 하였다. 하느님과 인간이 통교하는 장이 이렇게 활짝 열려 있다. 신과 인간의 관계이기에 종교의 언어인 제물과 제사로 표현된 것이다.

레위기에서는 '규정', '법'이라는 단어가 자주 나온다. '법'은 히브리어 '토라'에 해당하는데, 바탕이 되는 뜻은 '가르침'이다. '규정' 혹은 '규칙'은 히브리어 '후카'(복수는 '후코트')로, 다른 민족에게는 '풍습'을 뜻한다. 예를 들어 '가나안족의 후코트'는 '가나안의 풍습'으로 번역한다. 후카/후코트는 한 사회의 일상적인 삶을 규정지어 관습 혹은 문화를 형성하는 현대의 조례나 내규 같은 개념이다. 레위 7,36-37이 그 예이다. "곧 그들에게 기름 부으신 날, 주님께서 그들에게 주라고 이스라엘 자손들에게 명령하신 것이다. 이는 그들이 대대로 지켜야 하는 영원한 규칙이다. 이것이 번제물과 곡식 제물, 속죄 제물과 보상 제물, 임직 제물과 친교 제물에 관한 법이다." 제물에 관한 규정들은 하느님 백성이 된 이스라엘의 고유한 모습을 형성하는 가르침이자 관습이다.

　　레위기 읽기의 핵심은 '기억하기'이다. 다시 말해, 레위기는 하느님이 해 주신 일을 기억하고, 그것을 삶 속에서 실천하는 방법을 제시한다. 이집트 탈출뿐만 아니라 광야 여정에서 크고 작은 구원 체험을 한 이스라엘에게 거행할 제사와 기념할 축제일이 많은 것은 당연하다. 사실 이것은 읽는 이의 인생과도 연관이 있다. 우리가 자신만을 염두에 두고 기념하는 날이 일 년에 며칠 있는가? 제물의 종류와 축제일의 수는 하느님과 맺고 있는 관계를 반영한다. 인간관계에서도 평소 자주 대화하고 일상을 공유하는 사이에는 나눌 이야기와 기념할 날이 많다. 친밀할수록 함께하는 좋은 날이 많기 마련이다.

8-10장: 사제

하느님께 제물을 드리는 예식의 중심에 사제들이 있고, 그들에 관한 규정이 나온다. 모세가 사제들을 성별하여 임직식을 거행하고 아론이 첫 제물을 바친다. 이 부분을 렉시오 디비나 할 때는 하느님께 바치는 제사, 제물에 초점을 맞추는 것이 바람직하다. 사제들이 하느님과의 통교에 어떻게 정성을 쏟는지, 거룩한 제사를 지내기 위해 얼마나 각별하고 치밀하게 준비하는지를 읽어 내자. 모든 그리스도인에게는 예언직, 봉사직과 더불어 사제 직무가 있다. 여기서 전례에 참여하는 태도를 가다듬을 수 있을 것이다.

11-16장: 정결과 부정에 관한 가르침

이스라엘은 고대 환경과 풍습 그리고 제물과 먹거리에 따라서 정결한 짐승과 부정한 짐승을 구별하였다. 오랜 세월이 흐른 뒤, 신약에서 하느님은 베드로에게 환시를 통해 정결과 부정을 가르치신다. 베드로가 "주님, 절대 안 됩니다. 저는 무엇이든 속된 것이나 더러운 것은 한 번도 먹지 않았습니다"(사도 10,14) 하자, "하느님께서 깨끗하게 만드신 것을 속되다고 하지 마라"(10,15)라는 말씀이 들려온다. 레위 12-15장에 나타난 정결과 부정은 고대의 전례 규정과 현대의 공중 보건법이 혼합된 양상이다. 공동체의 공존과 안녕을 도모하고, 공동체가 하느님과 만나는 장소인 성막을 깨끗하게 보존하는 방편이다.

17-22장: 성결법

초월자이신 하느님과 유한한 인간이 통교하는 모습을 전하면서 거룩함이 강조된다. 거룩함(성성聖性)은 하느님의 속성 가운데 하나로, 하느님을 위해 구별해서 따로 떼어 놓아 그분께 속하는 것을 가리킨다. 따라서 이스라엘 백성은 하느님께 속하기에 기본적으로 거룩해야 한다.

이러한 성결聖潔이 이스라엘 백성의 삶과 연관되면서 고유한 특성으로 나타난다. 신약에서 유명한 둘째가는 계명도 성결법에 들어 있다.

　　17장은 제물과 관련된 짐승, 피를 소재로 생명의 소중함을 가르친다. 18장은 성스러움의 영역에 성性과 혼인과 가족이 속함을 보여 준다. 19장은 이스라엘 백성이 거룩해야 한다고 말하는데, 거룩한 사람이 되는 길은 이웃 사랑과 직결된다. 20장은 이러한 성결법을 어길 시 받는 형벌을 제시하고 거룩하게 될 것을 강조한다. 21-22장에 가서야 하느님께 바치는 제사와 관련된 사제와 제물 규정이 나타난다.

- 17,11
- 18,4
- 18,30
- 19,2
- 19,9-10
- 19,17
- 19,18
- 20,23
- 20,26

23-24장: 이스라엘의 축일들과 정성

이스라엘 백성이 지내야 하는 축제일이 소개된다. 이 축일들은 야훼 하느님이 이스라엘 백성에게 해 주신 일들을 기억하며 기념하는 날이다. 그래서 주님의 축일이고 하느님은 '나의 축일'이라 하신다. 안식일, 파스카 축제, 무교절 등을 렉시오 디비나 하며, 하느님이 내 인생에서 해 주신 일들을 떠올려 보고 축제일의 의미를 곰곰이 생각해 본다. 교회 공동체의 축제일(전례력)과 함께 개인이 기념하는 축제일도 그려 보자.

24장: 성소의 등불과 제사상 차리는 방식을 전한다. 하느님께 바치는 정성에 관한 것이다. 하느님을 향해 깨어 있는 마음에 대한 가르침이다.

• 24,2   • 24,3

25-26장: 성년과 가르침에 대한 순종

25장은 안식년과 희년을 다룬다. 그 해를 언제 어떻게 지내는지, 그 의미는 무엇인지 알아본다. 이 규정들은 사람이 사람답게 살 수 있도록 정해 놓은 것이다. 안식년은 땅을 위하고, 종과 거류민을 배려한다. 희년은 사람에게 새로운 삶을 시작할 기회를 부여한다.

땅의 소유권은 온전히 하느님께 있다는 것을 바탕으로 하여, 하느님께서 처음 땅을 분배하신 대로 삶의 터전을 돌려주도록 한다. 마찬가지로 이스라엘 백성은 누구나 자유민으로 살 권리를 지닌다. 사람 위에 사람 없다. 사람 위에 계신 존재는 오직 하느님뿐이다. 그래서 땅과 관련하여 종이 된 사람도 희년에는 풀려나 새로이 삶을 시작하도록 한다.

26장은 하느님이 주신 규칙을 따르도록 장려한다. 레위기를 렉시오 디비나 하면서 이런 규정들을 주신 하느님이 인간을 어떻게 보시는지, 인간을 얼마나 잘 아시고, 잘 살기를 바라시는지 메디타시오 해 보자.

4. 민수기

민수기는 광야 여정의 이야기다. 레위기가 시나이산 아래에 머무르며 가르침을 들은 정적인 상태를 다룬다면, 민수기는 광야를 38년간 방랑하며 겪은 굉장히 역동적인 상황을 그린다. 이 책은 레위기와 함께 성경을 읽는 이가 마주하는 2대 난관으로 꼽히지만, 세 가지 관점에 유의하면 흥미진진하게 읽을 수 있다. 첫째, 민수기에 등장하는 숫자의 의미를 해독한다. 둘째, 광야 여정 중 모세의 변화를 눈여겨본다. 셋째, 광야에서의 이스라엘 백성의 태도를 살핀다.

① 숫자와 이름

민수기에는 숫자가 많이 나온다. 지파들과 숫자가 열거되면 노트에 한 줄에 한 지파씩 각 지파의 이름과 인원수를 숫자로 기록하며 렉시오 디비나를 한다. 수는 지파의 군사력을 드러내고, 식구食口를 가늠하게 한다. 행군할 때 어느 지파가 앞장서는지, 뒤따르는지는 인원수에 따라 결정된다. 진을 칠 때 중앙의 계약 궤 주변으로 어느 지파가 배치되는지도 마찬가지다. 배치의 원리는 방어와 보호이다. 진을 치는 대목이 나올 때는 지파 이름으로 배치도를 그려 보고, 행군하는 순서도 써 본다. 그러면 지파 간의 관계와 친밀도를 알 수 있고, 어디가 중심 지파인지도 나타난다.

민수기에서 드러난 지파들의 크기와 모습은 역사서에서도 기본 배경으로 작용한다. 여호수아기에서 백성이 전쟁을 하고 땅을 분배할 때도 이 숫자(식구 수)로 근거를 삼는다. 열왕기에서 나라가 둘로 나뉘고 지파들이 다툼을 벌일 때도 그 역학 관계가 나타난다.

이스라엘 열두 지파를 각 공동체의 인원수로 열거할 때 개인의 이름도 함께 나온다. 이름들을 건너뛰지 말고 눈여겨본다. 그들은 대개 한 지파의 수장이거나 어떤 사건에서 두드러진 역할을 한다. 말하자면 국가의 초기 역사에 등장하는 기억될 만한 인물이다. 이어지는 역사(여호수아기, 사무엘기, 열왕기, 역대기)에서 다시 언급되는 이름도 있다. 이를 외우지는 않더라도 잠시 주의 깊게 살피고 넘어가면 역사의 흐름에서 그 인물로 인한 사건들을 이해할 수도 있다. 성경에서 이름은 존재를 드러내고 그 존재를 대표한다. 민수기는 온 회중 공동체를 다루지만 개인을 소홀히 여기지는 않는다. "모든 장정을 하나하나 호명하며 세어라"(민수 1,2).

② 모세와 이스라엘 백성

"너희는 이 사십 년 동안 광야에서 주 너희 하느님께서 너희를 인도하신 모든 길을 기억하여라"(신명 8,2). 여기서 말하는 모든 길이 거의 다 민수기에 들어 있다. 모세는 히브리인으로 태어났으나, 파라오의 딸이 양자로 삼아 이집트 궁에서 양육되고 교육받았다. 성인이 된 모세는 자신이 히브리 출신임을 알았기에 강제 노동 현장에서 히브리인을 편들었으나, 그들에게도 이집트인들에게도 배척을 받고 이집트에서 달아난다. 그는 멀리 미디안에서 몸 붙여 사는 나그네이자 경계인으로 살다가 하느님의 부르심을 받는다(탈출기). 모세가 소명 받기를 여러 번 고사한 데에는 이 같은 삶의 배경이 영향을 미쳤을 것이다.

그런 모세가 민수기에서는 달라진다. 물론 탈출기에서 그는 이미 하느님의 충실한 종으로 이스라엘을 이집트에서 이끌어 내는 소명을 완수했다. 광야 여정 40년 동안에 이스라엘 백성은 여러 번 모세에게 불평하고 대들며 그를 흔들었으나 그는 더욱 단단해져 이스라엘 백성의 인도자로 자리매김하게 되었다. 그는 야훼 하느님께만이 아니라, 자신에게 대항하는 이스라엘 백성에게도 충실하였다. 그는 자신에 대한 신뢰를 저버리고 돌을 던져 죽이려는 이스라엘 앞에서 얼굴을 땅에 대고 엎드린다. 하느님을 향해서가 아니라 이스라엘 회중 앞에서 자신을 낮춘 것이다.

모세는 이스라엘 백성이 변화하는 것이 진정한 해결책임을 아는 진정한 영도자이다. 자주 변덕을 부리고 반역을 꾀하는 이스라엘을 하느님께서 벌하려 하실 때마다, 이스라엘을 위해 하느님께 간곡하게 빌고 진실하게 중재하여 그분 마음을 돌린다. 야훼 하느님은 그를 두둔하고 보증하신다. "나의 종 모세는 다르다. 그는 나의 온 집안을 충실히 맡고 있는 사람이다. 나는 입과 입을 마주하여 그와 말하고 환시나 수수께끼로 말하지 않는다. 그는 주님의 모습까지 볼 수 있다"(민수 12,7-8). 성경의 화자는 그를 이렇게 평가한다. "모세라는 사람은 매우 겸손하였다. 땅 위에 사는 어떤 사람보다도 겸손하였다"(민수 12,3). 이 인물을 유심히 살펴보자.

이제, 광야 길을 가는 이스라엘 백성의 태도를 본다. 그들의 여정은 우리네 여정과 흡사하다. 주님은 40년 동안 광야에서 모든 길을 인도하셨는데(신명 8,2) 백성이 그 길을 모두 바르게 따른 것은 아니었다. 큰길로 나아가기도 하고 옆길로 새거나 잘못된 길로 들어서고 먼 길로 돌아가기도 했다. 그들이 걸어간 모든 길이 민수기에 있다. 이를 모두 기억해야 하는 이유는 그 길들이 우리가 앞으로 갈 길을 알려 주기 때문이다.

- 1,2
- 1,4
- 2,34
- 3,7
- 3,12
- 9,17
- 9,21
- 9,22
- 11,11-15
- 11,17
- 11,29
- 14,2
- 14,4
- 14,5
- 14,11-12
- 14,18-19
- 14,32-33
- 16,3
- 16,28
- 25,5
- 26,51
- 33,1-2
- 35,11

5. 신명기

법전 풀이: 신명기는 렉시오 디비나 하기가 수월하다. 탈출기부터 민수기까지의 내용을 개괄하는 비교적 통일성을 지닌 줄거리이기 때문이다. 법 규정 대목은 오경 전체에서 모두 세 번, 곧 탈줄기(계약 법전), 레위기(성결 법전), 신명기(신명기 법전)에서 나온다. 탈출기의 법 대목을 상세히 전하고 종합하면서 하느님의 명령을 거듭 풀이해서 들려준다. 이스라엘 백성은 광야 생활을 마치고 요르단강 동편 모압 땅에 이른다. 모세는 요르단강을 건너지 못하고 유언처럼 야훼 하느님의 말씀을 전한다. 이때 법과 규정들을 백성이 걸어야 할 '길'로 제시한다.

오늘: 모든 법은 야훼 하느님이 이스라엘과 맺으신 계약에서 비롯한다. 계약은 이집트에서 나온 조상들만이 아니라 '현재' 모압 광야

에 있는 후손 이스라엘과 '오늘' 맺으신 것이기도 하다. 신명기에서 반복되는 '오늘'은 그 당시뿐만 아니라 지금 읽는 이들의 '오늘'이다. "아, 오늘 너희가 그분의 소리에 귀를 기울인다면!"(시편 95,7).

기억: 신명기에서는 크게 세 가지를 기억하라고 촉구한다. 이는 하느님이 해 주신 일, 그분을 분노하게 만든 일, 하느님의 도우심이다. 이루어진 일을 내가 잘나서 내 힘으로 해냈다고 착각하지 않게 하기 위해서이다.

- 1,5
- 1,6-7
- 1,19
- 1,32
- 1,37-38
- 2,4-5
- 2,19
- 3,3
- 3,28
- 4,1
- 4,9
- 4,10
- 4,29
- 4,36
- 5,3
- 5,32
- 5,33
- 6,4-5
- 6,20-21
- 7,7
- 8,2
- 8,5
- 9,7
- 12,8
- 15,7
- 17,19
- 24,17
- 24,19
- 30,14
- 34,10-12

2 역사서

핵심 인물: 다윗

다윗은 이스라엘 역사에서 핵심 인물이다. 그가 하느님의 인도로 걸은 길은 이스라엘 모든 임금의 표준이요 모델이 된다. 임금은 누구나 예외 없이 다윗의 길을 걸었는지 아닌지의 여부로 평가받는다. 다윗은 야훼 하느님의 구원을 체험하고 주님의 명령에 순종한다. 곧, 다윗의 길은 하느님께 의탁하고 그분 말씀을 따라 살아가는 것이다.

"사자의 발톱과 곰의 발톱에서 저를 빼내 주신 주님께서 저 필리스티아 사람의 손에서도 저를 빼내 주실 것입니다"(1사무 17,37). 이는 다윗이 이스라엘의 하느님이신 만군의 주님 이름에 대한 믿음을 처음으로 표현한 말이다. 사무엘기 하권 마지막 부분에서 다윗이 부르는 승전가도 이에 기반하여 하느님과의 관계를 드러낸다. "주님은 저의 반석, 저의 산성, 저의 구원자, 저의 하느님, 이 몸 피신하는 저의 바위 저의 방패, 제 구원의 뿔, 저의 성채 저의 피난처, 저를 구원하시는 분. 당신께서는 저를 폭력에서 구원하셨습니다"(2사무 22,2-3).

역사서의 흐름

역사서는 이스라엘 백성의 흥망성쇠를 전반적으로 그린다. 건국 초부터 시작해서 멸망하고 바빌론 속주로 바뀐 예후드 시기까지를 대상으로 한다.

모압 벌판에 있던 이스라엘 백성은 모세의 후계자 여호수아의 인도로 약속의 땅을 차지한다(여호수아기). 백성은 그곳에서 주변 이민족과 함께 살아가며 하느님이 일으켜 주신 판관들의 영도 아래 안정과 평안을 누린다(판관기). 그리고 마지막 판관 사무엘 때에 백성들은 주변 도시국가처럼 자신들을 이끌 임금을 세워 달라고 요구한다. 그리하여 첫 번째 임금 사울과 다윗을 비롯하여 하느님이 기름 부어 주신 이를 임금으로 세우는 왕정이 수립된다(사무엘기 상·하권).

솔로몬의 아들 르하브암 때에 이스라엘은 남북으로 갈라진다. 두 왕국의 이야기는 임금들을 중심으로 나란히 전개되는데, 결국 주변 강대국들에 의해 멸망한다. 북 왕국 이스라엘은 아시리아에 의해 기원전 722년에, 남 왕국 유다는 바빌로니아에 의해 기원전 586년에 멸망한다(열왕기 상·하권). 역대기는 열왕기처럼 왕정 시대 초기부터 멸망까지의 이야기가 임금을 중심으로 전개된다. 특히 남유다를 중심으로 다윗 왕조가 강조되고 그의 업적이 드러난다. 다윗에 의해 사제직과 성전 봉사 제도가 확립되는 과정을 상세하게 밝힌다.

에즈라기와 느헤미야기는 시대가 바뀌어서 기원전 6세기 말에서 5세기 초의 일을 다룬다. 에즈라기에서는 바빌론으로 유배를 갔던 유다 민족이 페르시아 임금 키루스 치하에서 돌아와 토라 전통을 살리고 무너진 성전을 재건한다. 느헤미야기도 예루살렘 성벽을 재건하는 이야기를 그린다. 그다음은 유배지에서 혹은 강대국의 지배하에 살아가는 유다인들의 처지와 상황이 토빗기, 유딧기, 에스테르기를 통해 전해진다. 마카베오기 상권이 이어지는데, 이전 책들의 배경이 되는 시대에서 기원전 2세기 헬레니즘 시기로 훌쩍 건너뛴다.

1. 여호수아기

모세의 후계자: 모세가 죽은 뒤에 시종이었던 눈의 아들 여호수아가 후계자가 된다. 하느님은 모세에게 해 주었던 것처럼 그에게 해 주겠다고 약속하시며 소명을 주신다. "네가 사는 동안 내내 아무도 너에게 맞서지 못할 것이다. 내가 모세와 함께 있어 주었듯이 너와 함께 있어 주며, 너를 떠나지도 버리지도 않겠다. 힘과 용기를 내어라. 내가 이 백성의 조상들에게 주기로 맹세한 땅을 이 백성에게 상속 재산으로 나누어 줄 사람은 바로 너다"(여호 1,5-6).

사령관이며 율법의 수호자: 여호수아는 이스라엘 백성을 이끌고 요르단강을 건너 약속의 땅을 정복하는 전쟁을 지휘한다. 사령관으로 이스라엘 백성과 함께 전쟁을 치르지만, 전쟁의 승패는 오로지 그가 모든 토라(율법)의 가르침을 지키느냐 지키지 않느냐에 달려 있다. "오직 너는 더욱더 힘과 용기를 내어, 나의 종 모세가 너에게 명령한 모든 율법을 명심하여 실천하고, 오른쪽으로도 왼쪽으로도 벗어나서는 안 된다. 그러면 네가 어디를 가든지 성공할 것이다"(1,7).

1-12장: 정복 전쟁

투쟁과 도전: 이스라엘은 요르단강 건너편 강가에 위치한 예리코를 필두로 가나안 남부와 북부를 점령한다. 각 장소에서 전쟁을 풀어 가는 전략을 렉시오 디비나 하며 등장인물들도 눈여겨본다. 거의 모든 전투마다 펼쳐진 극적인 에피소드가 읽는 이의 흥미를 끈다.

영적 시각: 1-12장에서 전쟁을 소재로 진행되는 이야기를 영적

인 눈으로 읽는다. 그 땅에 먼저 살고 있던 이들과 가축들을 완전 봉헌물로 바치라는 명령의 의미를 바로 알아야 한다. 그렇지 않으면 야훼 하느님을 이스라엘 외의 민족은 몰살해 버리는 무자비하고 편협한 신이라고 오해하게 된다. 하느님과 함께하는 인생길에는 단호하게 물리쳐야 하는 죄악이 있다. 그것을 완전 봉헌물로 바쳐야 한다. 하느님이 모세를 통해 명령하신 모든 율법을 명심하여 실천하면서 오른쪽으로도 왼쪽으로도 벗어나지 않고 바른길로 가기 위해서이다. 위기를 타파하고 승리할 때 하느님은 삶의 터전을 마련해 주신다. 하느님의 가르침을 전적으로 선택하라는 것이다. 야훼 하느님이 완전히 선하시고, 모든 것을 아시며, 모든 일을 하실 수 있는 분이라는 기본 믿음을 지니고 렉시오 디비나 한다.

13-19장: 지파별 영토 분배

공존: 13장에는 점령하지 못한 지역들이 나열된다. 그런 지역이 이스라엘에 어떤 영향을 미치는지 살펴본다. 이스라엘 열한 지파에 땅이 분배된다. 지명들을 주의 깊게 읽는다. 지도를 함께 보면 도움이 된다.[17] 이스라엘의 지형은 산악 지방, 평원 지대, 아라바, 구릉 지대, 광야, 네겝으로 나뉜다. '아라바'는 사해와 아카바만 사이에 있는 광야 지역으로, 사해 남쪽에 형성된 오목한 저지대이다. '네겝'은 마르고 건조하며 이등변삼각형 모양으로, 예루살렘 남동쪽에 위치한 엘랏에서 출발하여 북쪽으로 뻗어 있다. '광야'는 유다 광야를 가리킨다. 이 곳

---

17 영원한도움 성서연구소 편저, 《성경지도》, 성서와함께, 2010.

은 예루살렘 동쪽에 있는 척박한 황무지로 사해를 끼고 남북과 동서로 넓게 펼쳐져 있다. 산악 지대, 평원 지대, 구릉 지대는 말 그대로이다. 이 지형들 안에 성읍과 마을이 있다.

요르단강을 중심으로 동쪽과 서쪽, 남쪽과 북쪽 지역으로 열한 지파에 땅이 분배되는 것을 유심히 본다. 성경의 흐름 속에서 이 지역에 지파들이 산다고 여기며 지역을 지파 이름으로도 부른다. 신약에서도 예수 그리스도가 활동하신 땅을 "즈불룬과 납탈리 지방…"이라 지칭한다(마태 4,13). 이스라엘 사람들에게는 지파명으로 땅을 가리키는 것이 익숙하다.

20장: 도피 성읍

살길: 땅을 분배할 때 도피 성읍을 둔다는 것이 특별하다. 도피처가 너무 멀어서 미처 보복을 피하지 못하고 살해당하는 일이 없도록 여러 곳을 지정한다. 극악한 죄인일지라도 살길은 열어 주어야 한다는 강력한 메시지다. 하느님이 사람을 어떻게 보시는지 메디타시오 해 본다.

- 20,3
- 20,5
- 20,7-8

21장: 레위인들의 성읍

레위인들은 따로 땅을 분배받지 않는다. 다른 지파들의 땅에서 성읍을 할당받아 여러 지파 사이에 골고루 섞여 산다.

- 21,3   • 21,8   • 21,41

21,43-24,33: 마무리

약속 실현: 여호수아기는 이렇게 하느님의 약속이 실현되었음을 전한다. 그리고 요르단강 건너편에 먼저 땅을 차지한 지파들을 돌려보내며 땅 분배를 마친다. 다른 지파들과 떨어져 요르단강 동편 땅을 차지한 지파들은 다른 지파들과 하나임을 표시하고자 강가에 커다란 제단을 쌓는다. "르우벤의 자손들과 가드의 자손들은, '이것은 주님께서 우리의 하느님이심을 우리 사이에서 증언하는 증인이다' 하면서, 그 제단의 이름을 지었다"(22,34).

　　하느님이 원수들을 모두 물리치시고 사방으로부터 이스라엘을 평온하게 해 주신 뒤 오랜 시일이 지났다. 여호수아는 늙고 나이가 많이 들자, 이스라엘의 원로들과 우두머리들과 판관들과 관리들을 불러 유언한다. 이스라엘 모든 지파를 스켐으로 소집하여 언제나 야훼 하느님을 섬기도록 촉구한다.

- 23,6   • 23,10   • 23,14   • 24,14
- 24,15   • 24,18

2. 판관기

지켜야 하는 것: 판관기에서는 약속의 땅에서 펼쳐지는 이스라엘의 삶이 여호수아기와는 다른 양상으로 전개된다. 그 땅에 거주하는 이 민족들과 함께 살며 벌어지는 여러 상황이 그려진다. 이스라엘 자손들은 가나안족, 히타이트족, 아모리족, 프리즈족, 히위족, 여부스족과 섞여 살게 된다(3,5). 그 이유를 주님이 "오로지, 전에 전쟁을 겪어 보지 못한 이스라엘 세대들에게 전쟁을 알게 하고 가르치시려는 것"(3,2)이라고도 하고, "이 민족들을 통하여 이스라엘을 시험해 … 이스라엘 사람들이 주님께서 모세를 통하여 그 조상들에게 명령하신 계명에 순종하는지를 알아보시려는 것"(3,4)이라고도 한다. 전개되는 이야기를 보면 4절의 이유가 더 적절해 보인다. 이스라엘 백성은 "그 민족들의 딸들을 아내로 맞아들이고, 또 저희 딸들을 그 민족들의 아들들에게 아내로 내주었다. 그러면서 그 민족들의 신들을 섬겼다"(3,6). 이것이 가나안 땅에 살면서 그들이 당면한 현실이고, 자주 고난을 겪는 직접적인 원인이 된다.

전체적으로 판관기는 '우상숭배 → 고난 → 주님께 울부짖음 → 판관을 통한 구원 → 우상숭배'가 순환되는 구조이며, 모두 12명의 판관이 등장한다. 오트니엘, 에훗, 삼가르, 드보라, 기드온, 톨라, 야이르, 입타, 입찬, 엘론, 압돈, 삼손.

우리네 삶에서도 비슷한 상황이 벌어진다. 같은 잘못에 걸려 넘어지고, 악습에 발목을 잡힌다. 삶에서 꼭 지켜야 할 것이 지켜지지 않을 때 이런 일이 생긴다. 판관기를 렉시오 디비나 하며 여호수아기에서 공존할 수 없는 것을 어째서 완전 봉헌물로 바치라고 했는지 새삼 깨달을 수 있다. 완전 봉헌을 실행할 기회도 얻는다. 악의 순환을 끊는 결단이 필요하다.

"제 눈에 옳게 보이는 대로"의 맹점: 판관기에는 유의할 점이 하나 더 있다. 우리는 세상에서 저마다 맞다고 여기는 일을 한다. 그런데 성경은 '사람들이 저마다 제 눈에 옳게 보이는 대로 하는 것'을 좋게 여기지 않는다. 주관적인 생각과 사익이 판단 기준이 되어서는 안 된다는 경고이다. 힘과 지력이 있을지라도 자신의 생각과 이익을 판단 기준으로 삼지 말고 '하느님의 눈에 옳게, 그분 보시기에 좋게' 행동해야 한다고 가르친다.

- 2,11
- 2,19
- 2,22
- 6,2
- 6,6
- 6,31
- 7,2
- 9,16
- 17,6
- 21,25

3. 룻기

판관들이 다스리던 시대에 있었던 일이다. 룻은 모압 여자로, 이민 온 유다인 남자와 혼인하였다가 자식 없이 과부가 되었다. 그는 연로한 시어머니의 고향인 유다 땅 베들레헴으로 따라 돌아와 시어머니를 정성껏 봉양하다가, 다윗의 증조부 보아즈와 혼인하여 위대한 가문의 성조모가 된다.

룻기를 렉시오 디비나 하면 아름다운 단편소설을 읽는 것 같다. 등장인물인 나오미, 보아즈, 룻의 인품을 메디타시오 해 보자.

- 1,16
- 1,22
- 2,2
- 2,9
- 2,12
- 3,10
- 3,12-14
- 4,13

4. 사무엘기 상권

제목이 말해 주듯 이 성경에서 사무엘은 주연으로 활약한다. 이스라엘의 거주 지역에 해당하는 최북단 단에서 최남단 브에르 세바에 이르기까지 명성이 자자했던 인물이다. 사무엘은 어머니 한나의 기도로 태어났고, 아주 어려서 성소에 봉헌되어 사제 엘리의 밑에서 성장하였다. 야훼 하느님은 사무엘이 아직 소년이었을 때 그를 불러 예언자로 삼으셨다. 온 이스라엘이 그를 믿음직한 예언자로 여겼다(1사무 3,20). 사무엘은 이스라엘의 마지막 판관이다. 이스라엘 백성이 왕정을 요청할 때 그는 주님의 말씀대로 사울에게 기름을 부어 이스라엘의 첫 임금으로 세웠고, 그다음 다윗에게 기름을 부었다.

사무엘 예언자 다음에 부각되는 이는 다윗이다. 다윗은 16장부터 두각을 드러내어 30장까지 사울과 함께 나온다. 사울 임금이 31장에서 전사하며 사무엘기 상권은 마무리된다.

1-12장: 사무엘과 사울

하느님과 사람 사이의 만남과 통교가 사무엘 이야기에 잘 드러난다.

하느님과 통교를 잘한다고 알려진 사무엘도 하느님의 목소리를 알아듣지 못하던 때가 있었다. 사무엘을 유심히 보자. 그는 야훼 하느님의 총애를 받았다. "사무엘이 자라는 동안 주님께서 그와 함께 계시어, 그가 한 말은 한마디도 땅에 떨어지지 않게 하셨다"(3,19). 야훼는 실로 성소에서 거듭 나타나셨는데, 주님은 말씀으로 사무엘에게 당신을 드러내셨다(3,21). 말씀으로 당신을 드러내신다는 것이 무슨 뜻일까? 렉시오 디비나를 하며 주님의 말씀을 깨달을 때 그와 비슷한 일이 일어나는지 살펴본다.

- 1,15
- 1,28
- 2,18
- 2,25
- 2,26
- 2,35
- 3,1
- 3,10
- 3,21
- 7,15
- 8,6
- 8,21
- 9,15-16
- 9,17
- 10,7
- 10,9
- 10,26
- 10,27
- 11,13
- 12,14
- 12,23

13-15장: 사울

사울은 사무엘을 통해 이스라엘의 첫 임금으로 기름부음 받는다. 그는 처음에는 훌륭하게 주님을 따르지만, 나중에는 주님의 말씀을 거역한다. 주님은 그를 배척하고 다른 이를 선택하려 하신다. 사무엘은 밤새 기도하고 아침 일찍 사울을 만나는데, 사울은 사무엘이 도저히 더는 중재할 수 없는 태도를 보인다. 제 뜻대로 하면서 주님 뜻을 따랐다고 우기기까지 한다. 렉시오 디비나 콘티누아를 통해 사울이 어디에서 어떻게 유혹에 빠지면서 주님께 등을 돌리는지 관찰한다.

- 14,6
- 14,35
- 14,45
- 15,1
- 15,3
- 15,9
- 15,11
- 15,12
- 15,13
- 15,14
- 15,15
- 15,16
- 15,20-21
- 15,22
- 15,24
- 15,30
- 15,35

16-31장: 사울과 다윗

사울은 점점 주님에게서 멀어져 간다. 주님이 보아 두었다고 하시는 다윗은 어떠한가? 꼼꼼하게 렉시오 디비나를 하며 다윗의 말과 행동들을 살펴보자. 하느님을 믿고 의지하는 모습을 볼 수 있다.

다윗은 줄곧 자신을 죽이려 하는 사울 때문에 궁지에 몰린다. 다윗은 도망을 다니면서, 하느님이 자신을 어떻게 하실지 알게 될 때까지 자신의 부모를 모압 땅에 피신하게 해 달라고 모압 임금에게 청한다. 곤경에 처한 다윗은 하느님의 뜻이 무엇인지 알지 못한다. 사실 양을 치고 살던 자신을 불러내어 기름을 부은 분은 주님이 아니시던가? 그런데 지금은 쫓기며 죽을 위협에 놓여 있다. 그러나 다윗은 불평 한 번 하지 않으며, 최선을 다해 살고자 애쓴다.

다윗에 대한 주님의 뜻은 나중에야 밝혀진다. "그리하여 다윗은 주님께서 자기를 이스라엘의 임금으로 튼튼히 세우시고, 당신 백성이스라엘을 위하여 자기 왕권을 높여 주신 것을 알게 되었다"(2사무 5,12).

다윗에게서 인간의 삶을 본다. 하느님께 모든 것을 걸었다고 할지라도 사는 일이 평탄하고 순조로운 것만은 아니다. 인생길이야 그만그만하다. 다만 하느님을 믿고 신뢰하기에 삶을 대하는 태도가 다를 뿐이다. 비슷한 역경(부하 군사들의 압력)에서 사울과 다윗이 각각 어떤 길을 선택하는지 렉시오 디비나 해 보라.

- 16,1
- 17,32
- 18,8
- 20,8
- 23,3-4
- 24,13
- 26,19
- 30,4
- 30,24

- 16,3
- 17,37
- 18,12
- 20,14
- 23,14
- 24,21
- 27,2-3
- 30,6
- 31,8

- 16,7
- 17,45
- 18,28-29
- 22,1-2
- 24,1
- 25,33
- 27,7
- 30,8

- 16,12
- 18,1
- 19,12
- 22,3
- 24,7
- 26,10-11
- 30,3
- 30,23

5. 사무엘기 하권

다윗 옆에 바싹 붙어서 그의 여정을 렉시오 디비나 한다. 사무엘기 상권에서 다윗이 사울의 추격을 피해 도망 다닌 지역은 훗날 그가 통치하는 남유다 거의 전역에 해당한다(《성경지도》 지도 60 참조). 그동안 그를 따르는 이들은 400명에서 600명으로 불어난다. 다윗은 유다의 원로들과도 호의적인 관계를 맺는다. 여기에서 하느님의 섭리가 어떻게 움직이는지에 주목한다.

렉시오 디비나 콘티누아는 이제 다윗을 중심으로 하는 사무엘기 하권에 다다랐다. 서두에서 하느님이 다윗을 임금으로 세우시는 마지막 과정이 서술된다. 이어서 다윗이 임금으로서 살아간 여정이 제시되는데, 그는 온 힘을 다해 야훼 하느님을 섬기고 그분의 말씀을 따른다. 다윗이 하느님의 집을 짓겠다고 하지만, 하느님이 오히려 그의 집안을 일으켜 다윗 왕조는 영원할 것이라고 약속하신다.

그런데 다윗이 큰 죄를 짓고 만다. 태평성대가 오니 방심한 것일까? 그는 자신의 정예부대 장수 우리야의 아내를 범한다. 그런 다음 죄를 덮으려고 음모를 꾸며 우리야와 무고한 병사들을 죽게 만든다. 하느님은 나탄 예언자를 보내서 그 죄를 밝혀내신다. "그런데 어찌하여 너는 주님의 말씀을 무시하고, 주님이 보기에 악한 짓을 저질렀느냐?"(2사무 12,9); "네가 나를 무시하고"(12,10); "다만 임금님께서 이 일로 주님을 몹시 업신여기셨으니"(12,14). 야훼 하느님을 굳게 믿었던 다윗은 하느님을 거스르는 일이 없으리라 장담했을지도 모른다. 그러나 죄를 지었고, 하느님은 그가 우리야에게 저지른 일을 가리켜 당신을 무시하고 업신여긴 것이라고 하신다!

다윗은 주님께 죄를 지었다고 고백한다. 주님은 다윗을 용서하시고 살려 주신다. 그러나 그의 집안에는 성폭행과 살인과 반역이 잇따르며 칼부림이 그치지 않는다. 난관 속에서 다윗은 어떻게 하는가. 죄를 지어 상처 입은 영웅의 모습, 그러나 여전히 주님께 충실하려는 다윗을 본다. 성경은 죄를 지었지만 그 여파를 감당하며 다시 일어서는 그를 의롭다고 평가한다.

1-5장: 다윗의 왕위 계승

- 1,1
- 2,1
- 2,4
- 2,26
- 3,1
- 3,17-18
- 5,3
- 5,12

6-10장: 다윗의 치세

- 6,13
- 6,14
- 6,21
- 6,22
- 7,2
- 7,5-7
- 7,11
- 7,13
- 7,15
- 7,27
- 7,29
- 8,6
- 8,14
- 8,15

11-20장: 다윗의 범죄와 역경

- 11,1
- 11,27
- 13,16-17
- 13,37
- 16,10
- 18,5
- 19,23
- 11,3
- 12,9
- 13,21
- 15,1
- 16,11-12
- 19,1
- 20,2
- 11,14
- 12,10
- 13,27
- 15,2-3
- 17,3
- 19,11
- 20,22
- 11,15
- 12,12
- 13,30
- 15,10
- 17,14
- 19,15

21-24장: 다윗의 승전가

- 22,1
- 22,20
- 22,35
- 23,2
- 24,25
- 22,7
- 22,24
- 22,36
- 23,5
- 22,10
- 22,25
- 22,37
- 23,18
- 22,17
- 22,29
- 22,47
- 23,24-39

6. 열왕기 상·하권

열왕기와 역대기의 주연은 임금들이다. 앞에서는 성조들이 주님의 부르심에 어떻게 응답했는지, 이스라엘이 공동체로서 주님의 가르침과 명령에 어떻게 따랐는지를 살폈다. 열왕기는 이스라엘과 유다의 임금이 왕국을 어떻게 다스렸는지를 다룬다. 상권과 하권의 핵심은 '임금이 하느님의 법규와 계명을 따라 걸었는가?' 하나이다. 우리는 렉시오 디비나 콘티누아를 하면서 다양한 상황과 사건들 안에서 사람과 하느님의 이야기를 듣는다. 임금들에게서도 자기 인생의 한 자락을 발견할 수 있다.

1열왕 1-2장은 다윗의 말년을 기술한다. 3장부터는 아들 솔로몬을 필두로 남유다의 임금들, 곧 다윗 왕조의 임금들이 열거된다. 그리고 마지막 임금 치드키야 때에 예루살렘이 함락되고 멸망한다. 다윗 왕조의 모든 임금은 재위하는 동안 주님을 향해 한결같은 마음을 지녔는지, 다윗의 길을 걸었는지에 따라서 평가된다. 북이스라엘의 임금은 예로보암으로 시작하여 거듭되는 쿠데타로 왕조가 교체되다가 마지막 임금 호세아에 이른다. 우상숭배를 한 예로보암이 북 왕국 임금들을 평가하는 기준이 된다. "주님의 눈에 거슬리는 악한 짓을 저지르고 예로보암의 길을 걸었다. 예로보암이 이스라엘까지도 죄짓게 한 그 죄를 따라 걸었다"(1열왕 15,34).

임금들 곁에는 주님의 말씀을 알려 주는 예언자들이 있었는데 엘리야와 엘리사가 두드러진다.

1열왕 1-11장: 다윗의 마지막과 솔로몬의 왕위 계승

솔로몬의 성전 봉헌 이야기를 렉시오 디비나 하며 성전에 대한 태도를 배울 수 있다. 솔로몬은 인생의 전반부와 후반부가 전혀 다른 인물로서 그의 이야기는 우리가 경계警戒로 삼아야 할 점이 있다.

- 1,33-34
- 2,1
- 2,3
- 3,3
- 3,5
- 3,9-10
- 3,12
- 5,5
- 5,9
- 5,18
- 6,1
- 6,12-13
- 8,27
- 8,29
- 8,39
- 8,58
- 8,61
- 9,3
- 11,3
- 11,4
- 11,9-10
- 11,33

1열왕 12-22장: 남 왕국과 북 왕국

- 12,14
- 12,28
- 12,30
- 12,31
- 14,16
- 15,3
- 15,14
- 15,26
- 15,34
- 16,25
- 16,30
- 18,17-18
- 18,21
- 18,37
- 18,39
- 19,10
- 19,12
- 21,20
- 22,43
- 22,53-54

2열왕 1-13장: 엘리야와 엘리사

- 2,9
- 5,8
- 5,13
- 5,17-18
- 6,16-17
- 7,6
- 9,6
- 10,10
- 10,28
- 10,29
- 10,31
- 11,17
- 12,3
- 13,14

2열왕 14-25장: 두 왕국의 멸망

- 14,3
- 16,10
- 17,13
- 19,14
- 22,2
- 23,23
- 25,7

- 15,10
- 17,5-6
- 17,18-19
- 19,20
- 22,8
- 23,25
- 25,9

- 15,14
- 17,7
- 18,3
- 21,2
- 22,11
- 24,12
- 25,11-12

- 16,2-3
- 17,8
- 18,5
- 21,9
- 23,2
- 24,14
- 25,27

7. 역대기 상·하권

역대기 상·하권은 다윗 왕조의 정통성을 옹호하며 유다 왕국을 중심으로 이야기를 엮었다. 예루살렘이 함락되고 유다 왕국이 멸망하여 백성이 유배를 간 다음에는 그 정통성을 사제직과 율법이 이어받는다. 그래서 유다 지파와 다윗 가문이 강조되며 다윗 왕조 임금들의 통치가 열왕기보다 상세하게 그려진다. 주님을 섬기는 사제직과 성전 관리 및 행정 체제까지 모두 다윗을 통해 정립된다. 역대기사가는 이러한 관점을 에즈라기, 느헤미야기에 이어 마카베오기까지 견지한다.

첫 장부터 족보가 나온다. 아담부터 시작해서, 이스라엘 열두 지파에서는 유다 족보가 제일 먼저 언급된다. 이어서 장자인 르우벤부터 순서대로 열거된다. 오경 및 여호수아기부터 열왕기까지 렉시오 디비나 콘티누아를 하면서 보고 들은 이야기들을 떠올리며, 역대기가 기술하는 족보들을 죽 읽어 내려간다. 기억나는 사건, 이름들이 있을 것이다. 앞에서 다룬 동일한 주제를 역대기는 어떻게 기술하고 있는지, 삭제하거나 상세하게 전하는 부분은 무엇인지 눈여겨보라. 기억된 내용을 중심으로 렉시오 디비나를 한다.

1-8장에서 열두 지파의 족보를 소개한 뒤 9장에서는 유배에서 돌아온 예루살렘 주민의 명단을 제시하는데, 사제들과 레위인들과 성전 막일꾼들의 귀환이 두드러진다. 그리고 11장부터 29장까지 다윗 이야기를 집중적으로 전하면서 역대기 상권이 마무리된다.

역대기 상권

- 1,28-29
- 2,9-10
- 3,1-4
- 3,5
- 5,29
- 8,33
- 9,1
- 9,2
- 9,3
- 11,10
- 12,1
- 12,24
- 12,39
- 13,8
- 17,16
- 17,21
- 17,25
- 18,6
- 18,13
- 22,1
- 22,11-12
- 23,28
- 23,32
- 28,9
- 29,3
- 29,17
- 29,26-27

역대기 하권

- 1,18
- 6,29-30
- 13,18
- 19,4
- 21,12
- 26,10
- 29,36
- 33,12-13
- 36,15

- 2,11
- 9,23
- 14,10
- 20,3
- 24,2
- 27,6
- 31,4
- 34,8
- 36,21

- 3,1
- 11,4
- 15,17
- 20,14-15
- 24,20-21
- 28,1-2
- 31,20-21
- 34,27
- 36,22

- 6,20
- 12,14
- 17,9
- 21,7
- 26,5
- 28,22
- 32,31
- 36,12

8. 에즈라기

이제 유배 이후 시대가 열린다. 키루스 칙령 이후, 하느님이 마음을 움직여 주시어 유다 땅으로 돌아온 유배자들은 예루살렘 성전을 재건한다.

- 1,2
- 3,12

- 1,5
- 4,24

- 2,59
- 5,2

- 3,8
- 7,6

9. 느헤미야기

예루살렘 성벽을 복구한다.

- 1,3
- 4,15
- 9,34
- 1,11
- 5,7-8
- 12,43
- 2,12
- 5,14
- 13,14
- 2,20
- 8,8
- 13,31

10. 토빗기, 유딧기, 에스테르기

외세의 침략과 이방 문화 속에서도 야훼 하느님의 계명과 가르침을 충실하게 따른 이들의 이야기다. 그들은 사는 동안 어려움에 직면해서도 최선을 다해 하느님의 길을 걸어간다. 그들의 삶의 태도는 앞서 읽은 에즈라기, 느헤미야기에서 일어난 일들의 행간을 읽는 데 영향을 미친다.

토빗기는 아시리아 임금 살만에세르 시대에 티스베에서 포로로 끌려가 니네베에서 살던 사람의 이야기다. 그는 유배지에서 진리와 선행의 길을 걸으며 주님의 계명을 지키며 살아가지만, 불운을 겪는다. 하느님은 서로 다른 곳에서 올린 토빗과 사라의 기도를 들으시고, 두 사람의 시련을 함께 해결해 주신다. 또한 토빗의 아들 토비야와 사라가 혼인하도록 이끄신다.

- 1,3
- 1,6
- 1,12-13
- 1,18
- 3,3
- 3,5
- 3,15
- 4,13
- 5,17
- 5,22
- 7,11
- 12,6
- 12,8
- 12,12
- 12,18
- 14,9

유딧기는 홀로페르네스가 유프라테스강 서쪽을 초토화하며 유다 땅을 포위했을 때, 하느님께 기도하고 기지를 발휘하여 그의 목을 벤 여인의 이야기다. 시대 배경과 실제 역사가 일치하지 않는 점으로 볼 때, 개연성 있는 모티브를 가지고 교훈을 주기 위해 만든 이야기라고 추정된다. 예를 들면, 네부카드네자르는 아시리아가 아니라 바빌로니아 임금이다. 4,3에 따라 얼마 전 유배에서 돌아와 하느님의 집을 새로 축성했다면 유배 이후인 페르시아 시대여야 한다. 그러나 줄거리는 아시리아 시대나 바빌로니아 시대와 같이 한창 외국의 침략이 잦을 때를 가리킨다. 1-2장을 통해 열왕기 하권의 전쟁 시기 정황을 짐작할 수도 있다. 어찌 되었든, 유딧은 오직 하느님께만 의탁하며 목숨을 걸고 백성을 구한다.

- 4,2-3
- 7,30-31
- 8,11
- 8,12
- 8,13
- 8,14
- 8,15
- 8,16
- 8,17
- 9,11
- 13,19

에스테르기는 페르시아의 크세르크세스 대왕 시대의 이야기다. 에스테르는 예루살렘 멸망 후 네부카드네자르에 의해 유배 온 모르도카이의 사촌으로, 부모가 없었기에 모르도카이가 딸같이 키운 처녀이다. 에스테르가 왕비가 된 후 모르도카이를 혐오하는 대신 하만의 음모로 유다인이 몰살당할 위기에서 처하자, 그는 기도하며 목숨을 걸고 동족을 구한다.

- 4,17⑬
- 4,17⑭-17⑮
- 4,17㉕
- 4,17㉙
- 8,9
- 9,27
- 9,28

11. 마카베오기 상·하권

역사서의 마지막 권에 다다랐다. 페르시아 시대도 지나고 이제 기원전 2세기 헬레니즘 시대에 접어들었다. 팔레스티나를 장악한 세력들의 힘겨루기 속에서 유다인들이 겪는 이야기가 펼쳐진다.

　마카베오기 상권은 정치적·문화적으로 헬레니즘에 압도당한 시기에 야훼 신앙을 지키기 위한 유다인들의 투쟁을 다룬다. 유다 마카베오와 두 형제의 무용담이기도 하다. 다윗 왕조가 막을 내리고 예수 그리스도를 기점으로 하는 신약시대가 오기 전에, 하스몬 왕조가 세워진다. 하권은 상권보다 먼저 기록된 것으로 보이며, 하스몬 왕조에 비판적인 저자의 작품으로 추정된다.

　마카베오기는 박해자들과 배반자들에게 내리는 징벌, 사악한 원수들이 당하는 패배 등 모든 사건을 하느님의 뜻으로 해석한다. 박해와 고난을 견디고 투쟁하며 이루어 내는 마카베오의 승리를 렉시오 디비나 한다. 자비하시고 계약에 충실하신 하느님이 보여 주신 표징을 렉시오 디비나 해 본다.

마카베오기 상권

- 1,3
- 1,10
- 1,11
- 1,12-13
- 1,14
- 1,15
- 1,41-42
- 2,20-21
- 2,29
- 2,42
- 2,61
- 3,18-19
- 3,59
- 6,49
- 10,31-32
- 13,4
- 13,41-42
- 14,12
- 14,47

마카베오기 하권

- 1,3
- 1,18
- 2,1
- 4,10
- 4,11
- 4,14
- 4,17
- 5,17
- 5,19
- 5,20
- 6,1
- 6,2
- 6,13
- 6,16
- 6,24
- 7,20
- 7,21
- 8,23
- 9,5
- 9,11
- 10,28
- 11,13
- 13,14
- 13,17
- 15,7
- 15,21
- 15,27

나의
인생 여정 1

별책 《하느님과 함께 걸어온 여정》의 '구약으로 보는 나의 인생 여정'에 첫 번째 기록을 한다. 오경과 역사서를 렉시오 디비나 하며 볼 수 있었던 순간들과 지금의 나를 있게 한 주요 사건들을 시간순으로 적으면서 하느님의 구원 손길을 체험한 지점이 있다면 표시한다.

3 시서와 지혜서

세상사: 이제 운문으로 된 시서와 지혜서를 렉시오 디비나 할 차례이다. '착하고 바르게 살면 복을 받는다', '하느님의 계명과 법규와 규정을 지키면 하느님께서 축복을 내려 주시어 복을 누리고 산다'고 배웠다. 그런데 살아 보니 세상이 그렇게 돌아가지 않는다. 인생에서 경험하는 고통, 허무, 좌절, 비탄, 사랑 등이 시와 노래로, 금언으로 표현된다.

오경과 역사서가 본보기가 되는 사람의 삶을 인과응보의 원칙에 따라 연대기적으로 제시한다면, 시서와 지혜서는 삶의 순간들을 포착한다. 여기에는 울부짖음, 간청, 탄원, 기쁨, 관능, 처세까지도 담겨 있다. 이를 통해 성경이 인간을 어떻게 이해하는지, 하느님이 인간을 어떤 눈길로 바라보시는지, 하느님이 어떤 분이신지 알 수 있다.

여유와 느림의 자세: 시나 음악을 감상할 때 바쁘다고 대충 훑어보거나 재생 속도를 높여서 듣지 않는다. 시구나 가사의 줄거리를 파악하며 요점 정리를 하지도 않는다. 시서와 지혜서를 읽을 때는 찬찬히 읽어 나가다가 마음을 건드리는 구절이나 단어를 만나면, 잠시 머물러 본다. 마음에 들지 않거나 불편한 구절은 그저 보고 지나가면 된다. 유난히 신경 쓰이는 단어나 구절이 있다면, 그 부분을 유심히 살핀다. 아마도 그 말에는 읽는 이에게 전하려는 메시지가 담겨 있을 것이다.

1. 욥기

시서와 지혜서의 첫 책은 욥기다. 처음부터 무거운 이야기가 아닌가 싶지만, 렉시오 디비나 콘티누아의 흐름에서 성경이 인간의 '고통'을 가장 먼저 보듬었다고 보면 감사하기도 하다. 욥기에는 고통받는 이의 아픔과 절망, 설움과 원통, 원망과 하소연, 탄원과 몰이해가 나타난다. 그런가 하면 고통에는 이유가 있다는 세간의 사고방식에 따라 주변에서 건네는 충고와 훈계도 나온다. 욥기의 하느님은 고통받는 친구에게 그런 말들을 건넨 이들을 나무라신다.

① 하느님 인간관의 승리

1-2장의 머리말은 운문 전체의 배경을 설정하고 42,7-17의 맺음말은 결말을 서술한다. 따라서 머리말과 맺음말만 보면 전체 내용이 파악된다. 주인공 욥은 1-2장에 서술된 사정을 모른 채, 자신에게 느닷없이 닥쳐온 고통의 의미를 너무도 절절하게 묻는다. 이에 저자는 읽는 이에게 힌트를 준다. 욥을 덮친 시련은 사탄과 하느님의 내기에서 비롯되었다. "너는 나의 종 욥을 눈여겨보았느냐? 그와 같이 흠 없고 올곧으며 하느님을 경외하고 악을 멀리하는 사람은 땅 위에 다시 없다"(1,8)라며 하느님이 욥을 칭찬하신다. 그러자 사탄은 사람이 신을 섬기는 것은 선물을 받았기 때문이라는 세속의 인간관을 피력하며 내기를 제안한다. 하느님은 인간을 신뢰하고 인간에게 희망을 걸며 사탄의 내기를 받아들이신다.

욥은 하느님의 신뢰에 응답한다. 사탄의 개입으로 모든 재산과 아이들을 다 잃은 욥이 말한다. "알몸으로 어머니 배에서 나온 이 몸 알몸으로 그리 돌아가리라. 주님께서 주셨다가 주님께서 가져가시니 주님의 이름은 찬미받으소서. 이 모든 일을 당하고도 욥은 죄를 짓지 않고 하느님께 부당한 행동을 하지 않았다"(1,21-22).

사탄은 다시 "가죽은 가죽으로! 사람이란 제 목숨을 위하여 자기의 모든 소유를 내놓기 마련입니다. 그렇지만 당신께서 손을 펴시어 그의 뼈와 그의 살을 쳐 보십시오. 그는 틀림없이 당신을 눈앞에서 저주할 것입니다"(2,4)라고 말한다. 주님은 욥을 사탄에게 넘기되 목숨만은 살려 두게 하시고, 사탄은 고약한 부스럼으로 욥의 온몸을 친다. 질그릇 조각으로 몸을 긁으며 잿더미 속에 앉아 있는 욥에게 아내마저 악담을 한다. 그러자 욥은 "우리가 하느님에게서 좋은 것을 받는다면, 나쁜 것도 받아들여야 하지 않겠소?"라고 말한다. "이 모든 일을 당하고도 욥은 제 입술로 죄를 짓지 않았다"(2,10).

② 무죄한 이의 고통

인과응보: 3-37장에서 욥은 자신을 위로하러 찾아온 친구들과 세 번의 설전을 벌인다. 이 부분에서 고통받는 사람의 모든 토로가 나오고, 고통받는 사람에 대한 세상 사람들의 모든 견해가 나타난다. 기본 골자는 인과응보이다.

그들은 한결같이 친구라면서도, 고통에는 반드시 원인이 있으니 욥에게 틀림없이 죄가 있을 것이라고 여기며 자백을 받아 내려 한다. 욥은 친구들을 야속해하고 끝까지 무죄를 주장하며 하느님께 대답을 요구한다.

신 현현: 38-41장에서 마침내 하느님이 대답하신다. 하느님은 우주 만물을 들어 당신을 창조주로 드러내시며 브헤못과 레비아탄이라는 신비로운 두 동물을 언급하신다. 하느님의 말씀을 들은 욥은 42장에서 하느님께 승복하고 그분에 대한 신앙을 고백한다.

• 42,2　　• 42,3　　• 42,5　　• 42,6

욥의 토로에 해석이 필요하지는 않다. 고통받는 이의 옆에서 혹은 고통받는 당사자로서 그의 말들을 듣거나 함께 한탄해 본다. 그런 다음 신 현현 장면을 렉시오 디비나 한다. 욥은 그제야 고백한다. "저는 알았습니다. 당신께서는 모든 것을 하실 수 있음을 당신께는 어떠한 계획도 불가능하지 않음을! … 저에게는 너무나 신비로워 알지 못하는 일들을 저는 이해하지도 못한 채 지껄였습니다"(42,2-3).

무슨 말씀을 들었기에 욥이 이렇게 고백할 수 있었을까? 창조주, 우주 만물의 순리, 창조와 두 동물 이야기에 들어 있는 비합리의 세계를 헤아려 본다. 이 세상에는 인간이 알지 못하는 비합리적인 면이 있다. 거듭 렉시오 디비나를 하며 깨닫는 점은 욥이 인과관계가 분명한 논리적 답변을 듣지는 못했다는 것이다.

욥은 하느님이 자신의 말을 다 들으셨고 응답하셨으므로, 하느님이 나타나셨다는 사실로 이미 고통의 문제를 넘어선다. 그리하여 다시 한번 그분이 하느님임을 체험하고, 창조주이신 그분이 '모든 것을 하실 수 있고, 그분에게는 어떠한 계획도 불가능하지 않음'을 납득한다.

읽는 이는 1-2장에서 사건의 발단을 보았고, 42장에서 욥이 옳다고 손을 들어 준 하느님의 처사를 알기에 욥의 말에 고개를 끄덕일 수 있다. 하느님은 세 친구에게 말씀하신다. "너와 너의 두 친구에게 내 분노가 타오르니, 너희가 나의 종 욥처럼 나에게 올바른 것을 말하지 않았기 때문이다. 이제 너희는 수소 일곱 마리와 숫양 일곱 마리를 가지고 나의 종 욥에게 가서, 너희 자신을 위하여 번제물을 바쳐라. 나의 종 욥이 너희를 위하여 간청하면, 내가 그의 기도를 들어주어, 너희의 어리석음대로 너희를 대하지 않겠다"(42,7-8). 그리고 "욥이 제 친구들을 위하여 기도드리자, 주님께서는 그의 운명을 되돌리셨다"(42,10). 욥은 고통의 시간에 자신을 비평한 친구들을 위해 기도한다. 욥의 인품과 태도가 돋보이는 대목이다. 이 문장을 찬찬히 보면 이어질 말은 하느님이 '친구들에게 어떻게 하셨다'일 것 같은데, '욥의 운명'이 되돌려진다.

욥기가 드러내는 진실은 이러하다. 고통은 하느님에게서 온 것이 아니다. 다만 욥의 진면모가 드러나도록 하느님이 시험을 허락하신다. 이를 통해 욥기는 무엇보다도 하느님이 사람을 믿고 사람에게 희망을 거신다는 사실을 시사한다. 성경이 밝히는 하느님의 인간관이다. 욥으로 대변되는 인간 존재는 무엇을 얻기 위하여 의를 행하는 것이 아니다. 사람은 본래 흠 없고 올곧으며 하느님을 경외하고 악을 멀리하는 존재이다.

2. 시편

150편의 시편이 들어 있다. 읽는 이는 시편을 렉시오 디비나 하며 적나라한 표현에 놀랄 수도 있다. 시편에는 사람의 온갖 감정과 면모가 담겨 있다. 슬픔, 기쁨, 후회, 절규, 그리움, 미움, 갈망, 원망, 저주, 회한, 사랑, 감사, 자부심, 고백, 탄원, 간청, 찬미, 찬양 등등. 시편은 종교적 시로서 '찬양가'이자 기도이며, 동시에 가르침과 교훈을 주는 지침이다.

    시를 읊듯, 노래를 음미하듯 읽는다. 아래의 구절들은 요점이 아니라 필자가 좋아하는 구절이다. 각자 처지에 따라 마음에 깊이 들어오는 구절이 다르겠으나, 읽는 이의 흥미를 유발하고 렉시오 디비나 콘티누아를 응원하는 차원에서 몇 구절 소개한다. 하느님이 무엇을 좋아하시는지, 하느님이 읽는 이를 얼마나 잘 알고 사랑하시는지를 알 수 있다.

- 1,1
- 1,2
- 1,3
- 4,6
- 5,5
- 7,10
- 8,6
- 9,19
- 9,20
- 12,7
- 15,3
- 16,7
- 18,10
- 18,19
- 18,20
- 18,33
- 19,9
- 22,25
- 23,3
- 24,4
- 25,1
- 25,14
- 28,7
- 30,6
- 31,9
- 31,24
- 32,1
- 32,8

- 33,5
- 33,18
- 34,8
- 34,15
- 34,19
- 35,13
- 37,1
- 37,7
- 37,31
- 39,2
- 39,5
- 40,7
- 40,9
- 43,3
- 47,7
- 49,8-9
- 50,17
- 51,12
- 51,19
- 55,23
- 57,8
- 62,2
- 62,9
- 62,10
- 66,10
- 66,19
- 67,3
- 68,21
- 69,14
- 71,5
- 71,6
- 71,17
- 71,18
- 73,21-22
- 78,14
- 78,37
- 82,5
- 84,3
- 84,6
- 84,13
- 89,9
- 90,2
- 90,12
- 91,11
- 95,7
- 97,11
- 101,2
- 103,2
- 103,20
- 104,33
- 107,1
- 108,2
- 109,22
- 111,2
- 116,1-2
- 116,6
- 119,1
- 119,9
- 119,23-24
- 119,32
- 119,48
- 119,50
- 119,66
- 119,77
- 119,92
- 119,96
- 119,111
- 119,165
- 121,7
- 125,4
- 126,4
- 130,5
- 131,1
- 139,3
- 140,2
- 142,3
- 144,3
- 144,9
- 146,2
- 147,6

3. 잠언

- 1,7
- 1,15
- 3,3
- 3,6
- 3,30
- 4,23
- 5,21
- 8,22
- 8,30
- 10,19
- 10,24
- 11,2
- 11,11
- 14,10
- 14,12
- 14,15
- 15,3
- 15,8
- 16,2
- 16,3
- 16,20
- 17,3
- 18,13
- 19,22
- 20,24
- 23,4
- 24,27
- 25,9
- 25,26
- 26,12
- 26,17
- 26,25
- 27,6
- 27,21
- 28,26
- 29,19
- 29,22
- 30,8

4. 코헬렛

- 1,2
- 1,8
- 1,15
- 2,11
- 2,14
- 2,18-19
- 2,24
- 2,26
- 3,1
- 3,5
- 3,7
- 3,8
- 3,15
- 3,16
- 3,22
- 4,4
- 4,6
- 4,17
- 5,1
- 5,6

- 5,11
- 5,17
- 5,18
- 7,14
- 7,20
- 7,21
- 7,22
- 7,29
- 8,15
- 9,6
- 9,9
- 11,4
- 12,1
- 12,6

5. 아가

성경은 인간의 사랑과 관능을 전하며, 그것이 사람 본연의 일임을 드러낸다. 아가의 연인은 헤어졌다 만나기를 반복한다. 멀리 떨어져 있으며 서로를 갈망하고 그리워하며 노래한다. 그 끝은 '그래서 오래오래 행복하게 살았더래요'가 아니다. 이는 사랑의 속성일까? 지혜일까?

- 1,4
- 1,7
- 2,8
- 3,1
- 3,6
- 4,6
- 4,12
- 5,1
- 5,2
- 5,6
- 6,10
- 8,6
- 8,12
- 8,14

6. 지혜서

- 1,1
- 1,2
- 1,10
- 1,13
- 1,14
- 2,22
- 3,9
- 3,15
- 4,9
- 4,15
- 6,3
- 6,10
- 6,14
- 6,17
- 7,15
- 7,27
- 8,7
- 9,4
- 9,9
- 9,10
- 9,13-14
- 10,16
- 11,4
- 11,23
- 11,24
- 11,26
- 12,22
- 15,2
- 16,11
- 16,12
- 16,26
- 18,1
- 18,21
- 19,22

7. 집회서

- 1,5
- 1,14
- 1,21
- 1,27
- 2,1
- 2,9
- 2,13
- 2,15
- 3,17
- 3,23
- 4,2
- 4,3
- 4,22
- 4,26
- 5,2
- 5,10
- 6,19
- 6,33
- 8,3
- 8,10
- 8,15
- 8,17
- 11,7
- 11,10

- 11,20
- 11,29
- 12,8
- 12,11
- 13,15
- 13,16
- 14,14
- 15,14
- 16,12
- 17,14
- 18,8
- 18,15
- 18,26
- 19,4
- 19,7
- 19,24
- 20,18
- 21,11
- 23,2
- 28,4
- 28,10
- 28,19
- 29,12
- 30,8
- 30,15
- 30,21
- 30,22
- 33,12
- 34,8
- 34,14
- 36,28
- 37,10
- 37,15
- 37,19
- 37,28
- 42,15
- 47,8

나의
인생 여정 2

별책 《하느님과 함께 걸어온 여정》의 '구약으로 보는 나의 인생 여정'에 두 번째 기록을 한다. 오경과 역사서 렉시오 디비나를 마치며 첫 번째 기록을 했던 표에 덧붙여 표시를 하는 것이다. 시서와 지혜서를 렉시오 디비나 하며 볼 수 있었던 내 인생의 순간들을 기록한다.

4 예언서

이스라엘 백성의 역사에 농반했던 예언자들의 이야기가 펼쳐진다. 역사서에 나왔던 이스라엘의 역사를 배경으로 왕정 시대, 유배 시대, 유배 이후 시대가 두루 나온다. 백성의 여정에서 중요한 순간마다 하느님은 예언자를 보내 말씀하셨다. 역사서에 예언자의 이름과 소개가 간략히 나오지만, 여기서는 아주 상세하게 다뤄진다. 예언자가 전하는 내용은 대개 경고나 권고 및 심판과 희망의 메시지이다.

렉시오 디비나 콘티누아에서 이제 우리는 역사적 시간과 공간에서 사람이 파악할 수 있었던 일의 이면을 알게 된다. 겉으로 보이는 현실뿐 아니라 영적 현실, 하느님이 보시는 현실을 예언서를 통해 전해 듣는다. 읽는 이의 인생도 예언자의 시각으로 다시 볼 수 있다.

예언자는 하느님의 말씀을 받아 전하는 사람이다. 그래서 하느님이 이스라엘 백성에게, 우리에게, 나에게 벌어지는 일들을 어떻게 보시는지 예언서에서 렉시오 디비나 할 수 있다. 동시에 초월자이자 구원자이신 하느님을 만날 수 있다.

1. 이사야서

이사야 예언서의 시대 배경은 이스라엘의 유배 이전, 당시, 이후를 아우른다. 전체 66장으로 가장 많은 분량을 차지한다. 예언자는 매우 적나라하고 매서운 풍유로 백성의 회개를 촉구하고, 하느님께 돌아오기를 절절하게 호소한다. 환하게 빛을 밝히며 다가오는 위로의 말씀, 그리고 '정말 이런 게 하느님의 마음이겠구나' 하는 인간 이해의 표현 등을 볼 수 있다.

제1이사야서: 1-39장

- 1,3
- 1,12
- 1,14
- 1,16
- 1,18
- 2,3
- 2,9
- 2,11
- 3,8
- 6,10
- 8,13
- 9,1
- 9,2
- 10,1
- 10,15
- 10,21
- 11,1
- 11,3
- 11,9
- 12,2
- 14,1-2
- 14,3
- 14,24
- 17,7
- 25,1
- 25,4
- 26,7
- 26,8
- 26,12
- 26,20
- 27,5
- 28,16
- 29,15
- 29,19
- 30,15
- 30,18
- 30,19
- 30,21
- 32,4
- 32,15
- 32,17
- 33,14-15
- 35,1
- 35,3
- 35,5
- 35,8
- 37,14
- 38,3
- 38,5

제2이사야서: 40-55장

- 40,2
- 40,3
- 40,13
- 40,31
- 41,4
- 41,10
- 41,20
- 42,1
- 42,2-3
- 42,4
- 42,16
- 42,20
- 43,1
- 43,2
- 43,7
- 43,18-19
- 43,25
- 44,3
- 44,21
- 44,24
- 45,4
- 45,7
- 46,4
- 47,10
- 48,10
- 48,17
- 48,18
- 49,4
- 49,7
- 49,8
- 49,15
- 50,4
- 50,8
- 50,10
- 50,11
- 51,7
- 52,13
- 53,4
- 53,5
- 53,6
- 53,10
- 54,13
- 55,1
- 55,3
- 55,7
- 55,8
- 55,11

제3이사야서: 56-66장

- 56,7
- 57,15
- 57,17
- 57,18
- 58,4
- 58,6
- 58,8
- 58,11
- 61,1
- 62,6
- 63,1
- 63,7
- 63,16
- 64,4
- 65,17
- 66,2
- 66,5

2. 예레미야서

- 1,5
- 2,36
- 8,6
- 10,23
- 15,16
- 17,10
- 23,28
- 31,12
- 31,33
- 36,3

- 1,6-7
- 4,3
- 9,4
- 11,20
- 15,19
- 18,11
- 26,3
- 31,18
- 32,19
- 36,7

- 2,5
- 4,14
- 10,2
- 12,5
- 16,12
- 18,15
- 27,5
- 31,19
- 32,39
- 42,6

- 2,19
- 5,5
- 10,10
- 15,7
- 17,5
- 23,18
- 31,9
- 31,21
- 33,7
- 50,24

3. 애가

- 1,7
- 2,17
- 3,40

- 1,14
- 2,19
- 3,41

- 2,7
- 3,22-23

- 2,14
- 3,27

4. 바룩서

- 1,15
- 1,22
- 2,8
- 2,18
- 2,27
- 3,1
- 3,5
- 3,14
- 3,20-21
- 4,1
- 4,3
- 4,22
- 4,28
- 4,30
- 5,9
- 6,6

5. 에제키엘서

- 2,1-2
- 7,3
- 7,27
- 9,4
- 11,5
- 11,19-20
- 13,22
- 14,3
- 16,53
- 28,2
- 33,7
- 33,12
- 33,16
- 33,31
- 34,2
- 34,4
- 34,11
- 34,15
- 34,16
- 34,23
- 36,25
- 36,26
- 36,27
- 47,22

6. 다니엘서

다니엘은 유다 왕족이거나 귀족의 자제였기에 유배지에서 왕궁 내시로 선발된다. 바빌론 임금이 "아무런 흠도 없이 잘생기고, 온갖 지혜를 갖추고 지식을 쌓아 이해력을 지녔을뿐더러 왕궁에서 임금을 모실 능력이 있으며, 칼데아 문학과 언어를 배울 수 있는 젊은이들"(다니 1,4)을 골랐기 때문이다.

다니엘은 나라가 멸망하고, 낯선 땅으로 유배되고, 왕궁 환관으로 선발되지만, 낙담하거나 체념하지 않는다. 바빌론 문화와 규율로 자신을 더럽히지 않겠다고 다짐하고 최선을 다해서 살아 낸다. 그리고 그 나라에서 누구보다도 뛰어난 사람이 된다. 곧 지혜나 예지에 관하여 무엇을 물어보든, 다니엘이 온 나라의 어떤 요술사나 주술사보다도 열 배나 더 낫다는 것을 임금이 알게 된다. 그는 바빌로니아와 페르시아 시대에 걸쳐 여러 임금 곁에서 일하면서 명망을 얻었으나 변함없이 야훼 하느님을 섬긴다. 죽을 위험에 처할지라도 하느님에 대한 믿음을 굳건히 지킨다. 삶이 나락으로 떨어져도 신앙과 품위를 잃지 않는 삶이 무엇인지를 보여 준다.

놀라운 예언자로서 활약하는 다니엘도 끊임없이 성경을 읽고 곰곰이 생각하는 시간을 가진다. 자신이 본 환시의 의미를 알아내기 위해 묵상하고 기도한다. 여기에 더해 하느님이 천사를 보내시어 그 뜻을 풀어 주신다. 다니엘에게서 영적인 것을 대하는 자세와 성경을 렉시오 디비나 하며 메디타시오 하는 태도를 배울 수 있다.

- 1,3
- 1,4
- 1,6
- 1,8-9
- 1,17
- 1,21
- 2,18-19
- 2,20
- 2,47
- 3,27
- 3,31
- 3,39
- 3,40
- 3,99(32)
- 4,24
- 6,1
- 6,24
- 6,29
- 8,15-16
- 9,7
- 9,14
- 9,23
- 10,12
- 12,10
- 14,2

7. 호세아서

- 2,21
- 4,1
- 4,6
- 6,3
- 6,4
- 6,6
- 7,9
- 8,4
- 12,7
- 13,6
- 14,3
- 14,10

8. 요엘서

- 2,1
- 2,12-13
- 3,1
- 4,18

9. 아모스서

- 3,7
- 4,13
- 5,13
- 5,24
- 8,4
- 8,5
- 8,6
- 8,11

10. 오바드야서

- 1,3
- 1,12
- 1,15

11. 요나서

- 1,12
- 2,8
- 3,10
- 4,1
- 4,4
- 4,9
- 4,10

12. 미카서

- 1,3
- 1,9
- 2,1
- 3,1
- 3,9
- 5,1
- 5,3
- 6,8
- 7,8
- 7,9

13. 나훔서

- 1,3
- 2,1

14. 하바쿡서

- 1,2
- 1,11
- 1,13
- 2,4
- 2,5
- 2,9
- 2,14
- 2,20
- 3,18

15. 스바니야서

- 1,6
- 2,3
- 3,2
- 3,9

16. 하까이서

- 1,14
- 2,4

17. 즈카르야서

- 1,3
- 3,4
- 4,6
- 8,3
- 8,16
- 12,10
- 13,1
- 14,21

18. 말라키서

- 1,6
- 1,10
- 1,13
- 2,8
- 3,1
- 3,3
- 3,6
- 3,16
- 3,22

나의
인생 여정 3

별책 《하느님과 함께 걸어온 여정》의 '구약으로 보는 나의 인생 여정'에 세 번째 기록을 한다. 오경과 역사서를 렉시오 디비나 하면서 기록했던 선 위에 다시 적는 것이다. 예언서를 렉시오 디비나 콘티누아 하며 새로이 보게 된 인생의 지점이 있으면 표시한다. 성경의 관점으로 달리 보게 된 지점이 있으면 말풍선을 달아 이전의 표시를 위/아래로 옮긴다.

5 복음서

1. 마태오복음서

마태오복음서를 펼치면 바로 족보가 나온다. 구약에서 족보를 렉시오 디비나 한 기억이 날 수도 있다. 아는 이름에 주의를 기울이며 읽는다. 족보에는 독특하게 다섯 여인이 언급된다. 사회와 가정에서, 족보에 이름을 올린 여인들의 위치가 어떠했는지 등 그들의 서사를 떠올려 본다. 족보가 장자 순으로 기록되지 않은 점도 눈여겨보라.

"이 모든 세대의 수는 아브라함부터 다윗까지가 십사 대이고, 다윗부터 바빌론 유배까지가 십사 대이며, 바빌론 유배부터 그리스도까지가 십사 대이다"(마태 1,17). 완전수인 7의 배수 14를 3회 반복함으로써 마태오는 이 족보가 완전함을 드러낸다. 예수 그리스도가 오셔서 구원한 인간 세계는 완전하다는 것이다. 이렇게 마태오복음서는 예수님이 보시는 세상과 사람들을 제시하며 예수 그리스도를 전한다.

그분은 온 누리의 임금이시고, 하느님 섬김과 믿음의 모델이시다. 그래서 복음서는 그분을 다윗 임금의 자손이자, 성조 아브라함의 자손으로 소개한다. "다윗의 자손이시며 아브라함의 자손이신 예수 그리스도의 족보"(1,1).

마태오복음서의 특징은 산상설교에서 두드러진다. 예수님은 사람을 사랑하시며, 특히 '작은 이'라고 부르시는 보통 사람을 돌보신다.

그리고 사람들 사이, 곧 공동체에 대해서도 가르치신다. 사람에 대한 예수님의 측은지심이 여러 번 표현된다. 예수님은 하느님의 아들 그리스도이시지만, 마태오복음서가 소개하는 그분은 대단히 관대하고 멋있는 한 인간이기도 하다. 아래 구절은 그런 맥락에 따른다.

- 1,19
- 1,20-24
- 2,10-11
- 3,15
- 3,16
- 4,4
- 4,16
- 4,23
- 5,3
- 5,23-24
- 6,2
- 6,6
- 6,14
- 6,33
- 7,1-2
- 7,7
- 7,17
- 8,3
- 9,2
- 9,13
- 9,22
- 9,35-36
- 10,1
- 10,16
- 11,25-26
- 11,28-30
- 12,12
- 13,29-30
- 14,14
- 14,16
- 15,28
- 15,32
- 16,23
- 16,24
- 18,3-4
- 18,6
- 18,10
- 18,14
- 18,15
- 18,21-22
- 18,35
- 20,14
- 20,34
- 24,12-13
- 25,21
- 25,40
- 25,45
- 28,6
- 28,20

2. 마르코복음서

마르코복음서는 1,1에서 밝히는 대로 "하느님의 아드님 예수 그리스도의 복음"이다. 마르코가 소개하는 예수님은 권위 있고 단호하게 행동하시면서 가르침을 주신다. 특히 어둠의 세력, 곧 마귀, 더러운 영을 사람에게서 가차 없이 몰아내시는 모습을 자주 볼 수 있다.

- 1,4
- 1,11
- 1,15
- 1,22
- 1,34
- 1,39
- 2,10
- 3,14
- 3,15
- 3,35
- 4,27
- 5,8
- 5,36
- 6,7
- 6,46
- 6,56
- 7,29
- 9,25
- 11,17
- 11,18
- 11,24
- 12,37
- 12,38
- 13,22-23
- 15,39
- 16,14
- 16,20

3. 루카복음서

루카가 전하는 예수님은 누구도 소외되지 않도록 모든 이를 품으시는 그리스도이시다. 루카는 족보를 통해 사람이 하느님의 아들임을 알려 준다. 그리고 그 귀한 존재인 사람을 대하는 예수님의 태도를 보여 주고, 이웃이란 단순히 가까운 사람이나 동족이 아니라 자비를 베푸는 모든 사람임을 일화(10,25-37)를 통해 가르친다.

　예수님은 특히 예루살렘으로 향하는 여정 동안 많은 비유를 들어 가르치신다. 예수님의 말씀을 들으려고 모여든 군중 가운데에는 세리와 죄인들이 있고(15,1), 예수님을 따라다니며 트집을 잡는 바리사이와 율법학자도 있었다(15,2). 루카가 그리는 예수님은 양편을 다 품으려고 무던히 애를 쓰신다. 그러한 예수님이시기에 세상 모든 사람에게 열린 보편적인 가르침을 주시는 모습으로 자연스럽게 연결된다.

루카는 예수님을 따라 갈릴래아부터 예루살렘까지 동행한 여인들을 각별하게 비춰 준다. 그들은 예수님의 십자가 수난과 죽음, 무덤에 묻히심과 부활의 증인이 된다. 이미 2장에서부터 예수님의 탄생을 목격한 목자들, 시메온과 한나와 같은 노인 등 작고 평범한 이들이 예수님 곁에 있었음이 드러난다.

예수님은 당신이 가신 길과 그 의미가 모두 성경에 기록되어 있고, 그것을 이루기 위한 여정이었다고 일깨우신다. 부활하신 후에도 제자들과 함께 걸으며 성경을 풀이해 주신다(24,32).

• 1,6	• 1,10	• 1,29	• 1,37
• 1,38	• 1,41	• 1,45	• 1,46-48
• 2,9	• 2,15	• 2,16	• 2,18-19
• 2,25	• 2,37	• 2,51	• 3,2
• 3,23-38	• 4,14	• 4,21	• 4,43
• 5,4	• 5,17	• 5,31-32	• 6,12
• 6,18	• 6,24	• 6,32	• 6,36
• 6,45	• 7,2	• 7,11	• 7,13

- 7,14
- 8,39
- 10,41-42
- 12,33
- 15,1
- 15,32
- 20,1
- 23,34
- 24,14-15
- 24,45

- 7,47
- 9,31
- 11,28
- 12,47
- 15,10
- 16,25
- 21,38
- 23,42
- 24,27
- 24,47-48

- 8,2-3
- 10,2
- 11,42
- 13,19
- 15,24
- 18,40-41
- 22,28
- 24,6
- 24,32

- 8,15
- 10,36
- 12,15
- 14,33
- 15,31
- 19,9
- 22,32
- 24,8
- 24,44

4. 요한복음서

넷째 복음서를 렉시오 디비나 할 차례이다. 복음서에서 예수님을 만나면서 그분이 자신의 인생에 다가오셨던 순간들을 깨닫게 될 수도 있다. 읽는 이가 어떻게든 예수님을 만날 수 있도록 복음서가 그분의 이야기를 다양한 각도로 들려주기 때문이다. 예수님이 만난 인물 중에는 읽는 이와 닮은 사람도 있을 것이다. 무리에 섞여 예수님의 가르침을 듣고 그분의 행적을 읽으면서, 자신도 모르는 사이에 받은 은총을 알게 되기를 바란다.

요한복음서는 앞의 세 복음서와는 완전히 다른 구조로 예수님 이야기를 전한다. 예수님께 붙일 수 있는 칭호는 기본적으로 1장에서 모두 언급된다. 예수님이 제자들과 함께 활동하시는 2장부터 그분 곁의 제자들도 선명해진다. 이 복음서는 예수님의 활동과 가르침에 담긴 영적 의미를 알려 주면서 예수님과 제자들 사이의 특별한 관계에 주목한다. 제자들은 예수님이 메시아임을 믿고 따르며 믿음이 점차 성장한다. 믿음은 자라야 하는 것이다.

복음서는 예수님의 첫 제자 두 사람 가운데 한 사람의 이름은 소개하지 않는다. 이름이 숨겨진 제자 자리에 나를 넣어 보자. 그곳은 바로 읽는 이의 자리다. 21장까지 이름 없는 제자가 중요한 역할을 하는 곳이 세 군데 더 있다. 그는 예수님께서 사랑하시는 제자로 나오며, 13장에서 예수님이 당신을 배신할 사람을 예고하실 때, 19장에서 십자가 아래 서 계신 성모님 곁에, 20-21장에서 예수님의 부활 장면에서 등장한다. 이들은 동일 인물로 여겨지는데, 읽는 이는 이 사랑받는 제자의 자리에서 예수님 곁에 머물고 말씀을 듣고 그분의 사랑을 받고 그분이 주시는 생명에 참여하게 될 것이다.

넷째 복음서에는 유다인들의 다양한 축제가 등장한다. 나자렛 예수님에 대한 신앙 고백으로 인해 유다인 회당에서 쫓겨난 사람들은 하느님의 구원을 기념하는 축제를 중심으로 형성된 문화와 사회를 잃게 되었다. 복음서는 이들에게 하느님의 아드님이신 예수님이 바로 그 축제의 본질임을 알리고, 구약의 축제를 완성하는 새로운 축제를 제시하며 그들에게 새로운 삶의 자리를 마련해 준다.

- 1,1
- 1,33-34
- 2,9
- 4,13-14
- 5,8-9
- 6,51
- 8,12
- 10,3
- 13,14
- 14,15
- 16,13
- 19,26-27
- 20,21
- 21,20

- 1,11
- 1,39
- 2,11
- 4,23
- 5,21
- 6,63
- 8,31-32
- 10,14
- 13,23
- 15,7
- 16,33
- 20,2
- 21,7
- 21,24

- 1,14
- 1,40
- 2,22
- 4,29
- 5,24
- 7,38
- 8,47
- 11,43
- 13,34-35
- 15,18
- 17,17
- 20,16
- 21,12

- 1,17-18
- 2,5
- 3,21
- 4,34
- 5,38
- 8,11
- 9,17
- 12,16
- 14,6
- 15,26
- 18,19
- 20,18
- 21,17

나의
인생 여정 4

렉시오 디비나 콘티누아의 하이라이트인 신약성경의 복음서를 마쳤다. 예언서부터 무르익어 온 메시아를 향한 기다림이 읽는 이의 마음에도 응집되어 고대하던 예수님을 뵈었으리라 믿는다.

복음서에 등장하는 제자들의 모습이 한결같이 훌륭한 것은 아니다. 그들은 예수님을 증언하는 일에 온전히 몰두하여, 자신들을 내세우는 말은 한마디도 하지 않는다. 그러나 스승의 말씀을 알아듣지 못하고, 수난을 예고하는 스승 앞에서 자신의 영달을 헤아리고, 고난당하는 스승을 두고 모두 달아나는 모습 역시 보여 준다. 그분의 제자들이 우리처럼 인간적 나약함에 걸려 넘어지기도 했다는 사실은, 우리가 예수님을 따를 수 있도록 좀 더 자신감을 심어 준다. 그런 그들을 사랑하고 이끄신 예수님이 더욱 대단해 보이기도 한다.

엠마오로 가던 제자들이 예수님의 말씀을 들으면서 가슴이 타올랐던 것처럼, 예수님의 가르침과 행적에 대한 증언을 읽으면서 기쁨으로 충만했기를 바란다. 제자들을 바라보신 예수님의 눈으로 자기 삶을 바라보면 인생의 지점들이 달리 보인다.

이제 별책《하느님과 함께 걸어온 여정》의 '복음으로 보는 나의 인생 여정'에 네 번째 기록을 한다. 예수 그리스도를 알고 믿는 이로서 그분 앞에서 내 구원의 서사를 표시해 본다.

'구약으로 보는 나의 인생 여정' 기록 때와 달리 선의 위치가 중앙이 아니라 제일 하단에 그려져 있다(별책 162쪽 예시 참조). 내가 걸어온 모든 여정은 나름의 의미를 지니며 통합된다. 성공과 실패, 고통과 기쁨의 범주를 벗어나 하느님 안에, 그리스도 예수님 안에 내가 살아온 삶 전체가 놓여 있음을 보는 것이다. 그 전체가 '나'이고, 내가 걸어온 여정이기에 모든 순간이 소중하고 의미있다. 하느님이 내 삶 전체에 드리워 계신다.

6 사도행전

이제부터 렉시오 디비나는 비교적 수월하게 나아간다. 우리처럼 평범한 제자들이 예수 그리스도 증인으로서 활약하는 이야기가 전개된다. 예수님의 말씀을 알아듣지 못하고 엇나가던 제자들이 완전히 달라졌다. 예수님 부활을 체험하고 성령을 받은 제자들은 예수님의 말씀과 행적을 기억하고 이해하면서 온전히 그분을 증언하기 시작한다. 사도행전에서 제자들의 모습은 너무도 담대하다. 대략 15장까지는 베드로와 다른 사도들의 선교 활동이 나오고, 16장부터는 주로 바오로 사도의 선교 여행이 펼쳐진다. 이 내용은 이어지는 서간들을 이해하는 바탕이 된다.

1. 베드로와 사도들

• 1,1-2	• 1,8	• 1,14	• 2,1-4
• 2,7-8	• 2,11	• 2,38	• 3,6
• 3,26	• 4,19-20	• 4,29	• 4,32
• 4,33	• 5,12	• 5,20	• 5,29
• 6,7	• 7,55	• 7,58	• 8,1
• 8,12	• 8,14-15	• 8,25	• 8,35

- 9,5
- 9,9
- 9,16
- 9,17
- 9,31
- 10,4
- 10,19-20
- 10,28
- 10,34-35
- 10,44-45
- 11,17
- 11,24
- 12,11
- 12,24
- 13,32
- 13,39
- 14,15
- 14,26
- 15,9

2. 바오로와 사도들

- 16,14
- 17,2
- 17,11
- 18,9-10
- 18,25
- 19,8
- 19,10
- 19,20
- 20,24
- 20,32
- 22,21
- 23,11
- 24,16
- 26,16
- 27,24
- 28,31

7 서간

사도들의 서간을 렉시오 디비나 한다. 서간은 예수님의 말씀과 가르침을 이해하고 실천하도록 안내하는 책이다. 예수님이 승천하신 후에 사도들은 삶의 자리에서 주님의 가르침을 알아듣고 실천하려 노력했고, 그 내용이 서간에 담겼다.

1. 로마 신자들에게 보낸 서간

- 1,9
- 2,21
- 5,21
- 7,18
- 8,14
- 8,38-39
- 12,11-12
- 14,4
- 15,4

- 1,12
- 3,24
- 6,11
- 7,19
- 8,17
- 11,29
- 12,18
- 14,8
- 15,7

- 1,18
- 5,2
- 6,23
- 7,24-25
- 8,25
- 12,2
- 13,10
- 14,22

- 2,7
- 5,3-5
- 7,15
- 8,13
- 8,28
- 12,6
- 14,1
- 15,2

2. 코린토 신자들에게 보낸 첫째 서간

- 1,17
- 1,18
- 1,22-23
- 1,24
- 1,27
- 2,4-5
- 2,7
- 2,10
- 2,12
- 3,9
- 4,1
- 4,10
- 4,11-13
- 5,8
- 6,15
- 6,18
- 8,9
- 9,12
- 9,19
- 9,22
- 9,23
- 10,23
- 10,31
- 12,7
- 12,26
- 12,31
- 13,12
- 13,13
- 14,20
- 15,10
- 15,33

3. 코린토 신자들에게 보낸 둘째 서간

- 1,12
- 1,20
- 1,22
- 2,12
- 2,14
- 2,15
- 3,3
- 3,5
- 4,1
- 4,6
- 4,11
- 5,11
- 5,14
- 5,20
- 6,4
- 7,10
- 8,21
- 9,6
- 10,5
- 11,7
- 11,23-29
- 11,30
- 12,9
- 12,10
- 13,5
- 13,8

4. 갈라티아 신자들에게 보낸 서간

- 1,16
- 2,5
- 2,20
- 4,19
- 5,1
- 5,6
- 5,13
- 5,22-23
- 5,25-26
- 6,1
- 6,2
- 6,5
- 6,6

5. 에페소 신자들에게 보낸 서간

- 1,4
- 1,9
- 1,10
- 1,17-18
- 2,2
- 2,10
- 2,14
- 2,22
- 3,9
- 3,16
- 3,17
- 3,18-19
- 4,2-3
- 4,7
- 4,13
- 4,15
- 4,23-24
- 4,29
- 5,8
- 5,9
- 5,10

6. 필리피 신자들에게 보낸 서간

- 1,6
- 1,21
- 1,29
- 2,5
- 2,13
- 3,7-9
- 3,10
- 4,1
- 4,4
- 4,5
- 4,7

7. 콜로새 신자들에게 보낸 서간

- 1,5
- 1,6
- 1,9
- 1,10
- 1,23
- 1,27
- 2,2
- 2,3
- 2,6-7
- 3,1
- 3,3
- 3,5
- 3,8
- 3,9-10
- 3,12
- 4,3

8. 테살로니카 신자들에게 보낸 첫째 서간

- 1,3
- 2,4
- 2,6
- 2,10
- 5,8
- 5,11
- 5,14
- 5,15
- 5,16
- 5,17
- 5,18
- 5,19
- 5,21
- 5,22

9. 테살로니카 신자들에게 보낸 둘째 서간

- 1,5
- 1,11
- 2,10
- 2,13
- 2,16
- 3,11-12

10. 티모테오에게 보낸 첫째 서간

- 1,4
- 1,14
- 1,15
- 2,2
- 2,4
- 3,8-9
- 4,4-5
- 4,7
- 4,8
- 4,16
- 6,6-7
- 6,11

11. 티모테오에게 보낸 둘째 서간

- 1,7
- 1,8
- 2,16
- 3,15
- 4,2
- 4,5
- 4,7

12. 티토에게 보낸 서간

- 1,1-2
- 1,3
- 1,8-9
- 2,11
- 2,12

13. 필레몬에게 보낸 서간

- 1,6

14. 히브리인들에게 보낸 서간

- 1,3
- 1,14
- 3,12
- 3,13
- 4,2
- 4,12
- 4,16
- 5,8
- 6,4-5
- 6,11
- 7,25
- 8,1-2
- 9,11
- 9,14
- 10,5-7
- 10,23
- 10,36
- 11,1
- 11,3
- 12,1
- 12,7
- 12,10
- 12,11
- 12,14
- 12,15
- 12,25
- 12,28
- 13,8
- 13,15
- 13,16

15. 야고보 서간

- 1,5
- 1,8
- 1,14
- 1,16-17
- 1,18
- 1,20
- 1,21
- 1,22
- 1,26
- 2,1
- 2,13
- 2,17
- 3,2
- 3,13
- 3,17
- 4,14
- 5,7
- 5,11

16. 베드로의 첫째 서간

- 1,3
- 1,23
- 2,9
- 2,20
- 4,2
- 5,2
- 1,5
- 2,1
- 2,11
- 3,10
- 4,10
- 5,7
- 1,13
- 2,4
- 2,15
- 3,11
- 4,13
- 1,22
- 2,5
- 2,19
- 3,21
- 4,19

17. 베드로의 둘째 서간

- 1,4
- 1,8
- 1,19
- 3,13

18. 요한의 첫째 서간

- 1,1
- 2,5
- 2,16
- 3,13
- 4,7
- 5,14
- 1,3
- 2,6
- 2,24
- 3,18
- 4,12
- 1,5
- 2,10
- 2,28
- 3,23-24
- 4,19
- 2,1-2
- 2,15
- 3,11
- 4,6
- 5,3-4

19. 요한의 둘째 서간

- 1,2
- 1,5

20. 요한의 셋째 서간

- 1,8

21. 유다 서간

- 1,3

8 요한묵시록

- 1,3
- 1,4-5
- 1,8
- 1,17-18
- 2,2
- 2,4
- 2,7
- 2,9
- 2,10
- 2,11
- 2,13
- 2,17
- 2,19
- 2,20
- 2,21
- 2,23
- 3,1
- 3,2
- 3,7
- 3,8
- 3,10
- 3,12
- 3,14
- 3,15
- 3,17
- 3,19
- 3,20
- 5,2
- 5,5
- 5,13
- 6,16
- 6,17
- 7,3
- 7,9
- 7,14
- 8,3-4
- 11,15
- 11,16-17
- 11,19
- 12,1
- 12,6
- 12,11
- 12,14
- 12,17
- 13,18
- 14,1
- 14,6
- 14,7
- 14,12
- 14,14
- 15,3
- 15,4
- 17,6
- 17,15
- 17,17
- 19,1-2
- 19,8
- 19,9
- 19,13
- 20,10
- 20,12
- 21,3-4
- 21,6-7
- 21,22
- 21,23
- 22,1-2
- 22,7
- 22,8
- 22,16
- 22,18

> 참고 도서

A. 아우구스티누스, 《고백록》, 최민순 옮김, 바오로딸, 2023.

F. R. 데 가스페리스, 《렉시오 디비나와 영적 여정》, 최안나 옮김, 성서와함께, 2003.

무명의 저자, 《무지의 구름》, 현대어 번역 및 서문 클리프턴 월터스, 성찬성 옮김, 바오로딸, 2006.

베로니카 오킨, 《오래된 기억들의 방》, 김병화 옮김, RHK, 2021.

신영복, 《강의: 나의 동양 고전 독법》, 돌베개, 2004.

신영복, 《냇물아 흘러흘러 어디로 가니》, 돌베개, 2017.

신영복, 《담론: 신영복의 마지막 강의》, 돌베개, 2015.

아브라함 요수아 헤셸, 《사람은 혼자가 아니다》, 이현주 옮김, 한국기독교연구소, 2007.

아브라함 요수아 헤셸, 《사람을 찾는 하느님》, 이현주 옮김, 한국기독교연구소, 2007.

아빌라의 성녀 데레사, 《아빌라의 성녀 데레사 자서전》, 고성·밀양 가르멜 여자수도원 옮김, 분도출판사, 2015.

어거스틴, 《성 어거스틴의 고백록》, 선한용 옮김, 대한기독교서회, 2023.

엔조 비앙키, 《말씀에서 샘솟는 기도》, 이연학 옮김, 분도출판사, 2001.

예수의 성녀 데레사, 《영혼의 성》, 최민순 옮김, 바오로딸, 2024.

웨인 G. 로린즈, 《융과 성서》, 이봉우 옮김, 분도출판사, 2002.

윌리엄 존스틴, 《신비신학: 사랑학》, 이봉우 옮김, 분도출판사, 2007.

Luciano Pacomio, *Lectio Divina*, Piemme, 1986.

M. Basil Pennington, *LECTIO DIVINA: Renewing the Ancient Practice of Praying the Scriptures*, The Crossroad Publishing Company, 1998.

성경의 세계 연대표

1. 구약성경의 세계
2. 구약과 신약 사이
3. 신약성경의 세계

1. 구약성경의 세계

창세 1-11장   창조, 에덴, 홍수   비역사(非歷史) 시대   셈족·함족·야펫족

예언서	오경과 역사서	이스라엘	고고학 시대(기원전)	이집트	메소포타미아와 그 외
					주변 국가들
	셈족 함족 야펫족				**수메르 도시국가** 라가스: 우루크 2500 마리 왕국 2400
	아담인(신명 26,5)				**셈족 제국(아가드 제국)** 2300-2200 셈족: 아시리아인, 아람인, 히브리인의 선조 "셈의 아들은 엘람, 아시리아, 아르팍삿, 루드, 아람이다"(창세 10,22).
이사 29,22 이사 51,2	창세기 12-50장 강 건너편에 살면서 (여호 24,2-3)	성조들 아브라함 "네 고향과 친족과 아버지의 집을 떠나, 내가 너에게 보여 줄 땅으로 가거라. … 너는 복이 될 것이다"(창세 12,1-2).	중기 청동기 시대 IIA	2050 2000 1950 1900 1850 1800	"옛날에 아브라함의 아버지이며 나호르의 아버지인 테라를 비롯한 너희 조상들은 강 건너편에 살면서 다른 신들을 섬겼다. 그런데 나는 너희 조상 아브라함을 강 건너편에서 데려다가"(여호 24,2-3).
					우르-남무와 구데아 2112-2095 **고대 바빌론** 함무라비 1792-1750
바룩 2,34		이사악		1750	베니하산 벽화
다니 3,35					
미카 7,20	아곱과 요셉 이스라엘 지손들 이집트의 종이었다 (신명 6,21) 탈출기	"젖 조상은 떠돌이 아람인이었는데 그는 몇 안 되는 사람들과 이집트로 내려가 이방인으로 살다가"(신명 26,5). 이집트 체류	IIB	1750 1700 1650- 1600/ 1550	15왕조 힉소스 지배
					히타이트 제국 18세기-1180 **바빌론 카시트 왕조** 1595-1019 **밋탄 왕국** 16세기

		후기 청동기 시대 I	1550 1500 1450 1400	**이집트 신왕국 16–11세기** 18왕조 1550–1292 메를린 반첨대 부조(가나안, '이스라엘'?) 1450 **아흐모세 힉소스 축출**	**하타이트 강성기** 14세기
				아흐모세 3세 1479–1424 가나안 정벌	엘 아마르나 서판 3827개 – 대국들 사이 통신: 바빌로니아, 아시리아, 밋단, 아르자와, 알라시아, 하타 – 속국에서 이집트로 보내는 통신: 시리아–팔레스티나
	이집트 탈출 1446? (1열왕 6,1)	II	1400 1350 1300	투트모세 3세 1390–1352 아멘호텝 3세 '야훼의 사수 땅'	
모세와 아론	이집트 탈출 1270?		1300	19왕조 1292–1189 세티 1세 세티 1세 부조(사수를 물리침) 세티 1세 석비	**중아시리아** 1365–932 투쿨티–니우르타 1세 1243–1207 하타이트에 승리/바빌로니아 정복
	광야 여정		1250	람세스 2세 카데쉬 전투 1274 카데쉬 조약 정토판 1269 람세스 2세(사수 스파이 매질 부조)	
이스라엘 열두 지파	"너희는 이 사십 년 동안 광야에서 주 너희 하느님께서 너희를 인도하신 모든 길을 기억하여라"(신명 8,2).	III	1200/ 1150	메르넵타 메르넵타 석비 1207 (가나안의 도시국가 반란 전쟁 1213–1203 '이스라엘') 남부 가나안의 방해서 도자기	
민수기 신명기					

이사 63,11–12
바룩 1,20
다니 9,11–13

탈출기
레위기

	여호수아기				해양 민족 이동
예레 11,5 예레 32,22 바룩 1,20 에제 20,6	여호수아	1200		20왕조 1189-1077 람세스 3세	
	가나안 땅 정착 "저희를 이곳으로 데리고 오시어 저희에게 이 땅, 곧 젖과 꿀이 흐르는 땅을 주셨습니다" (신명 26,9). 신명 26.9	1150	철기 시대 I	람세스 3세 해양 민족과 해전(메디네트 하부 신전)	티크랏-필에세르 1세 1115-1076 레반트 북부 정복 1112
	판관기	1100		20왕조 쇠퇴 제3중간기(21-22왕조) 시작 1077 테베의 네 간방	중아시리아 쇠퇴
	판관들	1050		필리스티아 팽창 "삼손은 필리스티아인들의 시대에 스무 해 동안 이스라엘의 판관으로 일하였다"(판관 15,20).	아람 왕국들 출현 1055
1사무	마지막 판관 사무엘				아시리아 영향력 쇠퇴 1050 레반트 지역 외세 공백기
	왕정 시대 이스라엘 통일 왕국	1000	IIA	21왕조 물림 1077-943 레반트 지역 외세 공백기	
	사울 "사울이 암몬족을 물리치고 왕에게 오르다" (1사무 11장).			필리스티아 사울은 필리스티아인들과 싸웠다(1사무 13장). "그 뒤에 다윗은 필리스티아인들을 쳐서 굴복시키고, 필리스티아인들의 손에서 메덱 암마를 빼앗었다"(2사무 8,1).	아람 왕국들 초바의 임금 하닷에제르(2사무 8,3-12) 하맛의 임금 토이(2사무 8,9-10) 악탑대 두로 르손(1열왕 11,23-25)
2사무	다윗 1005-965 "다윗은 무릇매 조각 돌맹이 하나로 그 필리스티아 사람을 누르고 그를 죽였다. 다윗은 손에 칼도 쥐지 않고 그를 죽인 것이다" (1사무 17,50).	931			페니키아의 도시국가 비블로스, 티로, 시돈
	개체로 달력 (초기 가나안)			예루살렘 수도 "모압은 다윗이 신하가 되어 조공을 바치게 되었다"(2사무 8,2). "에돔 전 지역에 수비대를 두자 에돔 전체가 다윗의 신하가 되었다"(2사무 8,13-14). "주님께서는 에돔 사람 하닷을 솔로몬의 적대자로 일으키셨다. 하닷은 에돔의 왕손이었다"(1열왕 11,14).	"솔로몬이 아버지에 뒤를 이어 임금으로 기름부음을 받았다는 소식을 듣고, 티로 임금 하람은 … 신하들을 보냈다"(1열왕 5,15).
				솔로몬 968-928 예루살렘 성전 건립	

예언서	역사서	남 왕국	외세	북 왕국
예레 48장 호세 10장 아모 3-7장	1열왕 12-14장 15-16장	르호보암 928-911 아비얌 911-908 아사 908-867	925 이집트 시삭(쇼셍크) 침략 카르낙 부바스티스 정문 벽 승리 부조 시삭 므기또 석비 "르호보암 즉위 제5년에 이집트 임금 시삭이 예루살렘에 올라와서, 주님의 집에 있는 보물과 왕궁의 보물을 가져갔다. 모조리 가져가 버렸다. 또한 솔로몬이 만든 금 방패도 모두 가져갔다"(1열왕 14.25-26). 아시리아 제국 934/911-609	예로보암 928-907 "예로보암은 일어나 이집트로 달아나서 이집트 임금 시삭에게 갔다. 그리고 그는 솔로몬이 죽을 때까지 이집트에 머물렀다"(1열왕 11.40). 티르차 수도 "임금은 궤리 끝에 금송아지 둘을 만들었다. … 금송아지 하나는 베텔에 놓고, 다른 하나는 단에 두었다"(1열왕 12.28-29). 나답 907-906 바아사 906-883
	1열왕 17-21장 22장	엘리야 여호사팟 870-846 "유다 임금 여호사팟이 이스라엘 임금에게 내려갔다"(1열왕 22.2).	앗슈르나시르팔 2세 883-859 "모압 임금 메사는 목축을 하는 사람으로서"(2열왕 3.4). 모압 임금 메사 석비(2열왕 3.4-27). 살만에세르 3세 858-824 시리아 왕국 정복 시작	엘라 883-882 지므리 882 티브니 882-878 오므리 882-871 사마리아 수도 "그는 사마리아 산을 … 요새로 만들고 … 사마리아라고 하였다"(1열왕 16.24). 아합 873-852 시돈의 공주 이제벨과 혼인: 우상숭배 은상(1열왕 16.31) "그가 세운 상아 궁"(1열왕 22.39).
	2열왕 2-11장	엘리사 여호람 851-843 아하즈야 843-842 아탈야 842-836 "아탈야가 왕궁의 '말 문'으로 난 길에 들어서자, 거기에서 그 여자를 죽였다"(2열왕 11.16).	853 카르카르 전투 아합과 레반트 국가들 동맹 블랙 오벨리스크: 살만에세르 3세와 예후 힐단 석비	아하즈야 852-851 요람 851-842 예후 842-814

"예후는 활을 당겨 요람의 두 어깨 사이를 겨누고 쏘았다"(2열왕 9,24). "예후가 '그 여자를 아래로 내던져라' 하고 일렀다. 내시들이 그 여자를 아래로 내던지자 그 피가 담벼락과 말에 튀었다"(2열왕 9,33).

아람 하자엘이 이스라엘 억압

아람 하자엘 즉위
842/841

여호아하즈 817-800
여호아스 800-784
예로보암 2세 788-747
즈카르야 747
살룸 747
므나헴 747-737
프카흐야 737-735
페카 735-732

호세아 732-723/722
"호세아 임금은 아시리아 임금 살만에세르가 자기를 치러 올라오자, 그의 신하가 되어 조공을 바쳤다"(2열왕 17.3).

북왕국 사마리아 멸망 722
"아시리아 임금은 사마리아를 함락하고, 이스라엘 사람들을 아시리아로 끌고 가서 하할과 고잔 강 하보르와 메디아의 성읍들에 이주시켰다"(2열왕 17.6).

신아시리아 세계 제국
745-612

티글랏-필에세르 3세(풀) 745-727
734-732   사마리아는 항복,
              유다는 아시리아의 가신

"아하즈는 아시리아 임금 티글랏 필에세르에게 사신들을 보내어 이렇게 말하였다. '저는 임금님의 종이며 아들입니다'"(2열왕 16.7).

살만에세르 5세 727-722
사마리아 정복

아시리아 속주

사르곤 2세 722-705

요아스 836-798

아마츠야 798-769

아자르야/우찌야 785-733
"우찌야 임금은 죽는 날까지 나병을 앓았다. ... 그의 아들 요탐이 왕궁을 관리하며 나라의 백성을 다스렸다"(2역대 26.21).
요탐 759-743

아하즈 743-727
"아하즈 임금은 아시리아 임금 티글랏 필에세르를 만나러 다마스쿠스로 갔다. 다마스쿠스에 있는 제단을 보고, 아하즈 임금은 그 제단의 자세한 그림과 모형을 우리야 사제에게 보냈다"(2열왕 16.10).

2열왕 12-17장

2열왕 18-25장

2역대 32장

토빗 1장

호세아
아모스
이사 1-39

요엘

요나
스바니야

미카

예언서	역사서	남 왕국 유다	외세 신아시리아 : 신바빌로니아 : 페르시아 : 그리스
나훔	2열왕 18–19장 에스 4,2 토빗 2,1	히즈키야 716-687 "히즈키야 임금 재살시년에, 아시리아 임금 산헤립이 유다의 모든 요새 성읍으로 올라와서 그곳들을 점령하였다"(2열왕 18,13). "나는 아시리아 임금 산헤립 때문에 나에게 기도를 바쳤다"(이사 37,21).	산헤립 704-681 701 유다 침공: 라키스 공격; 히즈키야에게 은 삼백 탈렌트와 금 서른 탈렌트를 요구 (2열왕 18,14; 산헤립 프리즘 694)
예레 1–20장	2열왕 23–25장	므나쎄 687-643 아시리아 임금 군대의 그 장수들은 므나쎄를 갈고리로 잡아서 청동 사슬로 묶어 바빌론으로 끌고 갔다"(2역대 33,11). 아몬 643-641 요시야 641-609 "그는 주님의 눈에 드는 옳은 일을 하였으며, 자기 조상 다윗의 길을 그대로 걸어 오른쪽으로도 왼쪽으로도 벗어나지 않았다"(2열왕 22,2).	에사르 하돈 681-669 앗슈르바니팔 685-627 신바빌로니아 제국 626-539: 칼데아 왕조 "파라오 느코는 므기또에서 요시야를 보고 그를 죽여 버렸다"(2열왕 23,29).
예레 21–25장 하바쿡	1역대 5,41	여호아하즈 609 여호야킴 609-598 여호야긴 598-597 "네부카드네자르는 여호야긴을 모후와 왕비들, 내시들과 나라의 고관들과 함께 바빌론으로 끌고 갔다"(2열왕 24,15). 1차 바빌론 유배	네부카드네자르 2세 604-562 605 카르크미스 전투: 네부카드네자르 2세 승리 605 아시리아, 이집트와 연합하나 패배하고 쇠퇴/멸망
예레 26–52장 애가	2역대 36장	치드키야 597-586 "그는 치드키야의 아들들을 그가 보는 가운데 살해하고 치드키야의 두 눈을 멀게 한 뒤, … 바빌론으로 끌고 갔다"(2열왕 25,7).	(네부카드네자르 2세의 건축물: 바빌론의 공중 정원: 이쉬타르 신전: 바빌 지구라트 에테멘앙키 완성) 598 예루살렘 정복

다니엘 1-6장		587 예루살렘 성전 파괴
		586 예루살렘 멸망
	2차 바빌론 유배	
		561 여헬-마르둑(에윌므로닥)이 여호야긴 방면
		사랑 배급 토판: "여호야긴의 생계에는 그가 살아 있는 동안 내내, 임금이 날마다 일정하게 대 주었다"(2열왕 25,30; 예레 52,34).
다니엘		
에제키엘		바빌로니아 멸망 나보니두스의 성전 벨사차르 552-539
		"갈대아인들이 억탈당할 것이니 그 억탈자들이 모두 흡족해하리라. 주님의 말씀이다"(예레 50,10).
이사 40-55장	2역대 36장	페르시아 제국 550-330
	에즈 1장; 5-6장	키루스 2세 553-530
		페르시아 시대 1기 539-450
		"예루살렘에게 다정히 말하여라. 이제 복역 기간이 끝나고 죗값이 치러졌으며 자기의 모든 죄악에 대하여 주님 손에서 갑절의 벌을 받았다고 외쳐라"(이사 40,2).
	유배자들	
	예루살렘으로 1차 귀환 538	539 키루스 2세 바빌론 정복
이사 56-66장	에즈 3-6장	"주님의 짐을 짓도록 하느님께서 마음을 움직여 주신 이들이 모두 떠날 채비를 하였다"(에즈 1,5).
		538 키루스 2세 칙령: "주님께서는 예메미아의 입을 통하여 하신 말씀을 이루시려고, 페르시아 임금 키루스의 마음을 움직이셨다"(에즈 1,1).
에즈라	세스바차르(에즈 5,14) 첫 지방관	캄바세스 2세 529-522
	예후드	이집트 정복
	페르시아 속주	

성경 본문	유다는 페르시아의 행정 체제에 완전 편입: 아시리아 충독령의 소충독령 시리아의 일부	그리스 고전기 5세기 / 그리스 도시국가 페르시아 – 그리스 전쟁 시작 494
하까이 / 즈카르야	주룹바벨(에즈 2-3장) 제2지방관 520년경 성전과 도성 재건 본격 시작 성전 재건축 완공 516-515	다리우스 1세 522-486
다니엘		"임금이 큰 소리로 외쳤다. 주 다니엘이 하느님"(다니 14,41).
유딧기		490 마라톤 전투
		480 테르모필레 전투/살라미스 해전
		479 플라테아 전투
에스테르기	"크세르크세스의 통치 때에는, 그의 통치가 시작되자마자 그들이 유다와 예루살렘 주민들을 고발하는 글을 올렸다"(에즈 4,6).	크세르크세스 1세 486-465
	"비슷합과 미트르다트와 타브엘과 그의 나머지 동료들이 페르시아 임금 아르타크세르크세스에게 글을 올렸다. 그 서신은 아람 말로 쓰였고 번역도 되었다"(에즈 4,7).	아르타크세르크세스 1세 465-423
말라키	북부 사마리아인 자체 세습 충독 선발랏 통치	
에즈 4장; 6-7장; 느헤 2장; 5장; 13장	페르시아 시대 2기 450-332 유다 전략적으로 중요	술 시종장 느헤미야
느헤미야의 회고록	느헤미야 예후드 충독 445-433 성벽 재건 "아르타크세르크세스 임금 제이십년 니산 달"(느헤 2,1).	다리우스 2세 423-405
		333 이소스 전투
		331 가우가멜라 전투
	페르시아의 요새가 된 예루살렘 페르시아 시대 1기 때보다 3배 확장	아르타크세르크세스 3세 359-338
	유다 민족 새로운 정체성 구축: 이민족과의 결혼 금지, 계율 준수	알렉산드로스 3세 334-323
		알렉산드로스 연임
		헬레니즘 제국 323-146
		다리우스 3세 336-330
제2마카베오기		330 알렉산드로스 유다 정복 323 6월 13일 바빌론에서 알렉산드로스 사망
마카베오기	그리스가 유다를 점령	

2. 구약과 신약 사이

성경	유다	BC	로마	헬레니즘 세계
	마케도니아 군벌들 경쟁 시기 동안 예루살렘은 6번이나 주인이 바뀜 316 안티고노스 1세가 15년간 예루살렘 지배	310		마케도니아 왕국(알렉산드로스 사망 이후-168) **셀레우코스 왕조** 305-30 **프톨레마이오스 왕조** 305-30 **안티고노스 왕조** 306-168 셀레우코스 1세 312-281 시리아 통치
	301 프톨레마이오스 예루살렘 지배 이집트로 포로간 수천 명의 유다인이 알렉산드리아에서 그리스어를 말하는 유다인 공동체 형성. 알렉산드리아를 최고의 그리스식 도시로 만듦. 박물관, 도서관, 파로스 등대 건설 시작	300		301 프톨레마이오스 왕조가 팔레스티나 지배 **프톨레마이오스 1세** 소테르 305-282
	프톨레마이오스 2세 필라델포스 유다: 대사제가 통치하는 신정 도시 자체 동전 발행; 예후드 금자 새김	280		**프톨레마이오스 2세 필라델포스** 285-246 유다인 노예 12만 명 해방 성전을 재건할 금음 보냄 유다인 히브리어 타나크를 그리스어로 번역하게 함 유다인 학자 존중
	241 프톨레마이오스 3세 토비아스 가문의 요셉이 프톨레마이오스 3세에게 유다 지역의 세금 청부업자 자리를 따냄. 22년간 세금 장수	240		**프톨레마이오스 3세 에우에르게테스** 246-222
		220		**안티오쿠스 3세 대왕** 223-187 223 시리아 임금 즉위

	연대	유다	
		201 안티오쿠스 3세	**214 이집트 프톨레마이오스 왕조 로마와 동맹**
		너그러운 정복자	
		성전과 성벽 수리	
	210	율법에 따른 유다인의 자치권 승인	
		이상적인 대사제 시몬	**201-198 셀레우코스 왕조가 팔레스티나 지배**
		예루살렘은 신정 체제	
		성전은 유다인 삶의 중심: 산헤드린	
		희생 제사와 절기 순례자들 집중	
		유다 도시(서쪽 언덕) 그리스식 재정	
1마카 8장		**218-202 2차 포에니 전쟁**	
		213 한니발, 이탈리아 남부 도시 공략	
		211 시라쿠사, 로마의 속주가 됨	
		202 스키피오, 한니발 격퇴	
		"로마인들은 … 세상 끝에서 쳐들어온	
		임금들을 무찌르고 그들에게 큰 타격을	
		입혔다"(1마카 8,4).	
		201 로마 서지중해 장악	
		예루살렘	**197 셀레우코스 왕국이 유다 땅 지배**
		바빌론에서 알렉산드리아에 이르는 유다인들의	193 안티오쿠스 3세가 로마에 패배하고 화답
		성읍조로 모든 재산은 지도층의 권력 투쟁을 심화하고	190 안티오쿠스가 로마에 패배하고 지해(?)된 성심, 강화 성립
	200	재정난에 처한 셀레우코스 임금들을 유혹함	
		유다에 그리스 문화 확산	**셀레우코스 4세** 187-175
		대사제 오니아스 3세	
	180	183 스키피오 사망	
			파르티아 아르사케스 6세(미트리다테스 1세) 171-132
		175 대사제 오손 임명	
		예루살렘을 '예루살렘의 안티오키아'로 고치고	**안티오쿠스 4세 에피파네스** 174-164
		토라의 지위 격하시킴	
		성전 맞은편 언덕에 그리스식 체육관 지음	"그들에게서 죄의 뿌리가 나왔는데, 그가 안티오쿠스 임금의 아들로서
	170	할레 표지 없앰	로마에 인질로 잡혀있던 안티오쿠스 에피파네스이다"(1마카 1,10).
		그리스주의자 독재	
		171 오손 해임, 메넬라오스 임명	169 메넬라오스를 대동하고 지성소 침입, 예루살렘 성전 약탈하고 모독,
1마카			유다인 1만 명 끌고 감
1장; 14장		**171-168 3차 마케도니아 전쟁**	"안티오쿠스는 강력한 군대를 이끌고 이스라엘과 예루살렘으로 올라갔다.
			그는 거드럭거리며 성소에 들어가"(1마카 1,20-21).

		연대	
1마카 1-4장	171-167 대사제 메넬라오스 168-164 **마카베오 항쟁** 166-160 **유다 마카베오 지도자** 164 예루살렘 탈환, 성전 재봉헌 　예루살렘 성채(아크라)를 제외한 　모든 유다 지역과 예루살렘 정복		167 안식일에 예루살렘 점령 　성벽 파괴, 새 요새 아크라 건설 　성전이 희생 제사 예배 금지 　안식일, 월절, 할례 금지 위반 사형 　율법서는 불태움, 율법서 소지자 사형 　예루살렘 성전을 **제우스 신전**으로 바꿈
1마카 7장, 9장	헤브론과 에돔 점령 161 알키모스를 대사제로 임명 161 유다 마카베오는 니카노르 군대 전멸시킴 160 **유다 마카베오 전사** 　**요나탄이 지도자** 　예루살렘 북쪽 미크마스에 군진 건립	160	**데메트리오스 1세** 161-150 161 셀레우코스의 **니카노르**가 예루살렘 재점령 "유다는, 이군주의 손아귀에 요한이 이들인 예우폴레모스와 엘아자르의 아들 야손을 뽑아 로마에 보내어, 우호 동맹을 맺게 하였다" (1마카 8.17). 168 마케도니아 군주제 페지, 로마의 속주 168 암피폴리스가 동부 마케도니아 수도 168 로마 군대, 안티오쿠스 4세의 이집트 　임정 저지
1마카 10-12장	157 요나탄 예루살렘 귀환 　요나탄은 외교술로 셀레우코스 왕조의 경쟁자들 　양쪽에 붙을 붙임. 152 **요나탄이 유다 땅의 독립 공포, 대사제로** 　**임명됨** 150 에세네파 형성기	150	**프톨레마이오스 6세 필로메토르** 180-145 "프톨레마이오스는 자기 딸 클레오파트라를 알렉산드로스에게 넘겨주고, 임금들이 하는 대로 프톨레마이스에서 매우 호화로운 혼인 잔치를 열었다"(1마카 10.58). "요나탄은 화려한 행렬을 이끌고 프톨레마이스로 가서, 그 두 임금을 만나 은과 금을 주고 그들의 벗들에게도 많은 예물을 주어 호감을 샀다"(1마카 10.60). **알렉산드로스 1세 발라스(에피파네스)** 153-145 "안티오쿠스의 아들 알렉산드로스 에피파네스가…그곳에서 형제위에 올랐다"(1마카 10.1). "알렉산드로스 임금이 요나단 형제에게 인사합니다"(1마카 10.18). "우리는 오늘 귀하들 카 민족의 대사제로 임명하고"(1마카 10.20). "알렉산드로스 임금은…요나탄을 첫째가는 벗들 가운데 하나로 등록시키고, 그를 총독으로 지방 장관으로 세웠다" (1마카 10.59-65).

마가 참조		연대	사건
		149	3차 마케도니아 전쟁
		148	마케도니아 로마의 속주 "그들은 또 기병 임금 필리포스와 페르세우스를 반항하여 자기들에게 반항하는 자들과 싸워서 그들을 무너뜨리고 정복하였다"(1마가 8,5).
		147	파르티아인 미트리다테스 1세 메디아 대부분 정복
		146	카르타고 파괴, 속주 아프리카로 불림 포에니 전쟁 종결 요나탄 로마와 맺은 동맹 강화(1마가 12장)
		145-140	데메트리오스 2세 니카토르 "데메트리오스의 아들 데메트리오스가 크레타에서 나와, 자기 조상들의 땅으로 들어갔다. … 데메트리오스가 아폴로니우스를 그 율레 사람이 충독으로 세웠다"(1마가 10,67-69). 데메트리오스 2세와 프톨레마이오스 6세가 동맹을 맺음(1마가 11장) 142 시몬이 데메트리오스 2세와 동맹을 맺음(1마가 13,34-40)
		145-140	안티오쿠스 6세 디오니시오스 "알렉산드로스의 부하였던 트리폰이 … 안티오쿠스가 그 아버지의 대를 이을 수 있도록"(1마가 11,39-40). "나는 귀하에 대사제직을 인정하고 귀하를 내 지역의 총독자로 임명하며 임금 벗들 가운데 하나가 되게 하겠습니다"(1마가 11,57).
		145-116	프톨레마이오스 8세
13장 14장		143	요나탄 살해됨
		142	요나탄의 형 시몬이 지배 "백성은 모든 문서와 계약서에 '유다인들의 총독이며 지도자인 시몬 대사제 재일년'이라고 쓰기 시작하였다"(1마가 13,40). 시몬, 대사제이며 통치자 시몬의 이스라엘의 해방 전쟁(1마가 13,43-14,3) 142-37 하스몬 왕가 유지 루키우스 메텔루스 집정관 시몬, 로마와 맺은 동맹 흑인 "시몬은 로마인들과 맺은 동맹을 재확인하려고, 무게가 천 미나 되는 큰 금 방패와 함께 누매니오스를 로마로 보냈다"(1마가 14,24).
		141	미트리다테스 1세 바빌로니아 정복
2마가 10,32-38	140	140-138	디오도투스 트리폰 "트리폰은 나이 어린 안티오쿠스 임금을 배반하고 그를 죽였다. 그리고는 그 대신 자기가 임금이 되어 아시아의 왕관을 썼다"(1마가 13,31-32; 참조 12,39).
		138-129	안티오쿠스 7세 셀레우코스 "안티오쿠스 임금이 대사제이며 영주이신 시몬과 유다 민족에게 인사합니다…"(1마가 15,2-9). 안티오쿠스 7세의 배신(1마가 15,25-36)
		133	프리기아 지역 지배 테베라우스 그라쿠스 호민관 취임 농지 개혁 착수
		132	미트리다테스 1세 사망
1마가 15장; 16장	130		안티오코스 7세와 전쟁(1마가 15,37-16,10) 시몬 살해됨 "시몬과 그의 아들들이 술에 취하자 … 시몬을 덮치고 그와 그의 아들들과 종 몇 사람을 죽였다"(1마가 16,16).

연도	사건
134	**요한 히르카누스 대사제, 통치자** "윤허의 나머지 행적과, … 그가 아버지의 뒤를 이어 대사제가 되었을 때부터 실록에 기록되어 있다"(1마카 16,23-24).
120	129 페르기몬 왕국의 일부였던 에페소 지배 요르단강 건너편 마다바 정복, 이두매인에게 개종 강요; 사마리아 파괴하고 갈릴래아까지 접수 해와는 세 동맹국 로마를 통해, 국내는 저득 가문 후손 사두가이파 후원을 통해 세력 강화
110	119 마리우스 호민관 취임
100	울리우스 카이사르 탄생
90	99 마리우스 소아시아에 부임 **104-103 아리스토불로스** 자신을 유다의 왕으로 선언 103-76 동생 **알렉산드로스 얀내오스**가 계승
80	89 모든 이탈리아인에게 시민권 부여 88 술라 집정관 취임 91 미트리다테스 6세, 비티니아의 옛 페르가몬 침공 88-84 1차 미트리다테스 전쟁(미트리다테스 6세와 로마의 술라) 83-82 2차 미트리다테스 전쟁
70	78 술라 사망, 폼페이우스 대두 73-71 스파르타쿠스 반란 70 크라수스와 폼페이우스 집정관 취임 75-65 **3차 미트리다테스 전쟁**(로마의 루쿨루스, 다음에는 폼페이우스) **폼페이우스 승리** **76-67 알렉산드로스 얀내오스**의 미망인 **알렉산드라** 집권
60	67 **폼페이우스**, 해적 소탕하고 미트리다테스 정벌 개시 65 **폼페이우스**, 다메스쿠스 입성 63 **폼페이우스**, 지중해 전역 평정 60 삼두정치: 카이사르, 폼페이우스, 크라수스 67-63 내란: 히르카누스 2세와 아리스토불로스 사이 67 알렉산드리아의 아들 히르카누스 2세가 대사제이며 임금으로 임명됨 동생 아리스토불로스에게 왕위 뺏김 65 **폼페이우스**, 예루살렘 점령 아리스토불로스 하옥, 군주제 폐지, 요새 파괴 **유다 땅에 대한 로마의 지배 시작** 63 히르카누스 2세는 대사제로, 헤로데 안티파트로스는 행정관으로 임명됨		64 셀레우코스 왕조, 폼페이우스에게 멸망 64 갈라티아는 로마의 속국 63 미트리다테스 6세 자결, 전쟁 종결 시리아는 로마의 속주
		134 유다인의 내전을 이용해 예루살렘 포위 미트리다테스 6세 135-63 115 미트리다테스 6세 폰토스 임금에 즉위

57-55 폼페이우스가 시리아 총독 가비니우스를 통해 유다 영토 재조정	57-55 폼페이우스 관할 자치 도시 지정 데카폴리스 지정 유다를 다섯 행정구역으로 나눔	
48 가이사르가 이집트의 클레오파트라와 프톨레마이오스 13세에게 공동 통치 판정을 내림 47 전쟁에서 클레오파트라와 프톨레마이오스 13세 전사; 클레오파트라와 프톨레마이오스 14세의 공동 통치 시작 44 가이사르가 시리아 총독 43 클레오파트라가 공동 통치자 프톨레마이오스 14세를 죽이고 가이사리온을 공동 통치자로 세움 43-42 로마가 필리피 식민지 재건 41 티시포니가가 로마공화국의 자유 도시가 됨 (에나시아 가도에 위치한 무역 중심지) 40-39 파르티아, 레반트 지역 정복	58-51 가이사르, 갈리아 전쟁	47 가이사르가 유다, 시리아, 갈리키아에서 통치 기구를 재구축 안티파트로스가 유다인 군대 3천 명을 이끌고 이집트로 가서 가이사르를 도움 가이사르는 히르카노스를 대사제이자 유다의 통치자로 재임명하고, 유다 총독의 모든 권리를 안티파트로스에게 주고, 그의 아들들에게 지방 총독 자리를 줌: 큰아들 파사엘은 예루살렘을, 작은아들 헤로데는 갈릴래아를 맡음 44 안티파트로스 정적에게 독살됨 헤로데는 안토니우스에게 감 44 안토니우스는 헤로데와 그의 형제를 대사제 히르카노스와 함께 유다의 실질적 통치자로 임명 40-37 로마 혼란 시기에 아리스토불로스의 아들 안티고노스가 유다의 대사제이며 임금이 됨
	50	
49 가이사르가 루비콘강을 건너다 49 가이사르가 폼페이우스 추격하러 로마를 떠나다 48 파르살루스 전투에서 폼페이우스 연패 48 가이사르 알렉산드리아 상륙 47 2월 말 나일 삼각주 전투 승리 47 6월 말 가이사르 카파도키아 지방에서 파르나케스 격파 ("왔노라, 보았노라, 이겼노라"), 그리스 평정 44 1월 안토니우스 집정관 취임 3월 가이사르 암살당함 43 옥타비아누스 공인: 가이우스 율리우스 카이사르 옥타비아누스		
	40	

헤로데 대왕 통치	30	37 헤로데가 예루살렘 점령 엄금이 됨, 하스몬 왕가 끝남 32 나바테아인 물리침 31 아우구스투스가 헤로데를 유다 임금으로 인정: 가다라, 히푸스, 가자와 해안 도시를 하사함 31 유다 지역에 지진	31 옥타비아누스, 그리스에서 뽑아진 악티움 해전 승리 30 옥타비아누스, 알렉산드리아 입성	37 로마의 안토니우스, 파르티아 원정 31 클레오파트라와 안토니우스 연합군 패배 30 프톨레마이오스 왕조 멸망
	20	27 헤로데가 카이사리아와 사마리아에 로마 황제를 위한 신전 건축 23 바티네아, 트라코니티스, 아우라니티스 진압 임무 받음 20 파니아스와 가울라니티스까지 지배 20 예루살렘 제2성전 재건축 시작	29 옥타비아누스 개선식 28 국세 조사 27 원로원이 옥타비아누스에게 **아우구스투스**라는 존칭 부여 23 아우구스투스, 로마 세계의 서부 재편성 마침	27 아우구스투스가 예페소를 속주 아시아의 수도 삼은 뒤 종독이 소재지, 성업 중심지로 발전
예수 그리스도 탄생?	10	4 **친로마파인 헤로데 대응 사항** 4 아우구스투스 왕국을 헤로데의 세 아들에게 분배 아르켈라우스: 유다, 이두매아, 사마리아 헤로데 안티파스: 갈릴래아와 페레아 헤로데 필리포스: 가울라니티스를 비롯한 세 개처지 4-7기원후 6년 **아르켈라오스가 대사제임에 통치자** 1 유다 왕국, 내분에 빠짐	10 아우구스투스, 본국을 11개 주로, 수도 로마를 14개 주로 분할하고 각 지역에 지치지 부여 1 아우구스투스 '국가의 아버지' 칭호	4 예루살렘의 유대인들이 신권 통치 부활을 요구하며 반란, 시리아 속주 총독 바루스가 무력으로 진압
세 분봉왕의 통치 아르켈라우스 헤로데 안티파스 헤로데 필리포스		헤로데는 도망하여 마사다에 갔다가 이집트로, 다시 로마로 가서 옥타비아누스의 지지를 얻음		

3. 신약성경의 세계

성경	유다	AD	로마 제국	로마 속주들
예수님 유년 시절 **누가복음서**	0 예수 그리스도 탄생 1-6 아르켈라우스 임금, 대사제 "유다 임금 헤로데 시대에 아비야 조에 속한 사제로서 즈카르야라는 사람이 있었다"(루가 1,5). 8 로마 총독 직접 지배 예루살렘 성전에서 매일 로마 황제를 위한 번제를 바침	0	4 아우구스투스 황제(기원전 27-기원후 14) 티베리우스를 후계자로 결정 "그 무렵 아우구스투스 황제에게서 칙령이 내려, 온 세상이 호적 등록을 하게 되었다. 이 첫 번째 호적 등록은 퀴리니우스가 시리아 총독으로 있을 때에 실시되었다"(루가 2,1-2).	6 유다인 폭동 진압, 예루살렘을 중심으로 하는 유다의 중부 지역을 로마의 속주로 삼음 6 시리아 총독 푸블리우스 술피키우스 퀴리니우스 인구 조사
	15-26 발레리우스 그라투스 유다 총독	10	14 아우구스투스와 공동 통치자 티베리우스의 명령으로 국세조사 실시, 로마 시민권자 약 494만 명 14 아우구스투스 사망 티베리우스 황제 즉위(14-37) 19 로마의 유다인들, 사회 불안을 조래했다는 이유로 이탈리아에서 일시적 추방	14 북아프리카에서 반로마 봉기 시작 18 카파도키아와 콤마게네를 로마의 직할 속주로 삼음
예수님 공생활 **마태오복음서** **마르코복음서**	26-36 본시오 빌라도 총독 "빌라도는 예수님을 신자가에 못 박으라고 그들에게 넘겨주었다"(요한 19,16). **예수님 수난과 죽음, 부활**	20	21 시리아 속주 총독을 지낸 퀴리니우스의 사망과 국장 27 티베리우스 카프리 섬에 은둔 27 로마 근교 소도시에서 검투사 시합장 관람석 붕괴로 50명 사상	20 시리아 속주 총독 피소가 불복종 죄로 재판을 받고 자살
루가복음서 **요한복음서** **사도행전** 사도 베드로와 요한	36-37 마르첼루스 총독 37-41 마룰루스 총독	30	33 속주에서 그리대금을 하던 원로원 의원 고발당함 37 티베리우스 황제 사망 37 칼리굴라 황제 즉위 38 새로운 수도 건설 발표 39 유다인 및 그리스인 사절단 접견	37 이집트의 알렉산드리아에서 그리스인과 유다인의 대립 격화, 폭동으로 발전, 필론을 중심으로 한 유다인 사절단 로마 방문

사도행전

41-44 아그립바 1세 유다 통치

44 쿠스피우스 파두스 총독
44-46 쿠스피우스 파두스 총독
46-48 티베리우스 알렉산드로스 총독

48-52 벤티디우스 쿠마누스 총독
50 아그립바 2세 유다 임명
황제에게서 트라코니티스, 리사니아 왕국도 하사 받음, 예루살렘과 유다 지역은 로마 속주가 됨

52-59 안토니우스 펠릭스 총독
"천인대장은 백인대장 두 사람을 불러 말하였다. '오늘 밤 아홉 시에 가이사리아로 출발할 수 있도록 … 준비시켜라. 또 바오로를 펠릭스 총독에게 무사히 호송할 수 있도록 그들 태울 짐승도 준비하여라'"(사도 23,23-24).
"두 해가 지난 뒤에 포르키우스 페스투스가 펠릭스의 후임으로 부임하였다. 그때까지 펠릭스는 유다인들에게 환심을 사려고 바오로를 가둔 채 내버려 두었다"(사도 24,27).

40

41 클라우디우스 황제 즉위
42 외항 오스티아에 항구 공사 시작
48 국세조사 실시
로마시민권자 약 598만 명

54-68 네로 황제 교회 박해
57 원로원 속주와 황제 속주를 합함
국고를 일원화

50

40 칼리굴라는 페트로니우스 시리아 총독에게 예루살렘 성전에 유피테르 신상을 세우라고 명령

44 로마인, 코린토 신도시 건설

45-48 사도 바오로 1차 선교 여행
(키프로스, 팜필리아의 페르게, 피시디아의 안티오키아, 이코니온, 리스트라, 안티오키아)
48 갈라티아의 도시들(피시디아의 안티오키아, 이코니온, 리스트라, 데르베)

50-52 사도 바오로 2차 선교 여행
(필리피, 테살로니카, 아테네, 코린토, 에페소)
52 테살로니카 1서 저술
53-58 사도 바오로 3차 선교 여행
(에페소, 필리피, 트로아스, 밀레토스, 프톨레마이스, 카이사리아, 예루살렘)

55 코르불로, 카파도키아 및 갈라티아 속주 총독으로 부임.
시리아 총독 콰드라투스 각자 2개 군단 거느림

55-57 로마서 저술
60년대 후반(70년대 초반) **마르코복음서 저술**

연도	사건
59	총독 페스투스, 바오로를 로마로 보냄. 바오로의 로마 생활
59-62	포르키우스 페스투스 총독 "며칠이 지난 뒤, 아그리파스 임금과 베르니케가 카이사리아에 도착하여 페스투스에게 인사하였다"(사도 25,13). "아그리파스는 페스투스에게 '저 사람이 황제에게 상소하지 않았으면 풀려날 수 있었을 것입니다'라고 말하였다"(사도 26,32).
62	예페소 속주 아시아의 수도, 콜로새(프리기아), 필리피(마케도니아) 시간
62-64	루케우스 알비누스 총독
64-66	게시우스 플로루스 총독
66	11월 시리아 총독 케스티우스가 이끄는 로마군이 예루살렘 공략하다 참패
66	6월 총독 플로루스가 예루살렘 성전에서 금화 17탈렌트 탈취
66	6월 유다인 폭동, 플로루스 강제 진압 강행 유다인 금진파는 로마 수비대 학살, 마사다 요새 장악
67	5월 베스파시아누스 전권을 받고 유다로 진군 개시
68	네로의 죽음으로 유다 공격 휴전 베스파시아누스, 티투스 로마로 출발 티투스, 코린토에서 오리엔트로 귀권
69	시리아 속주 총독 무키아누스
63	이탈리아 남부 폼페이 지진
64	9월간의 로마 대화재 네로, 그리스도인 제포 처형: 방화죄 및 '인류를 증오한 죄' 적용
68	근위대가 갈바를 황제로 추대
69	1월 갈바를 암살, 오토 황제 4월 오토 자결, 비텔리우스 황제
70	베스파시아누스 황제, 원로원 승인
71	베스파시아누스, 콜로세움 건설 시작
73	베스파시아누스와 티투스, 국세조사 실시
79	베스파시아누스 사망
	티투스 황제 즉위 8월 베수비오 화산 폭발
71	티투스, 유다 전쟁을 끝내고 개선
73	실바, 마사다 요새 함락
70	티투스의 로마군 예루살렘 성벽 앞 포진 공방전 8월 10일 예루살렘 성전 방화 9월 26일 예루살렘 함락
70	로마 군대 예루살렘 점령, 모든 유다인 함락
73	마지막 항거지 마사다 함락
80	콜로세움 완공
81-96	도미티아누스 황제 교회 박해
80	야브네에 집결 유다교 전통과 학문의 터전
80-115년경	테살로니카 2서 저술
80-85년경	루카복음서 저술
80-90년경	마태오복음서 저술
80-90년경	사도행전 저술
	80년 이후 요한복음서 저술

사도행전

연도		
90	96-98 네르바 황제 98-117 트라야누스 황제 교회 박해	90-100년경 **요한복음서 저술**
100	106 하드리아누스, 법무관으로 선출 타키투스, 《동시대사》 집필	106 로마, 아라비아(현재 요르단)를 합병: 나바테아 속주로 삼음
110	113 트라야누스 원기둥이 건설됨 117-138 하드리아누스 황제 교회 박해	111 트라야누스, 비티니아 속주를 원로원에서 황제 속주로 변경 114 아르메니아를 로마의 속주로 편입 116 파르티아 수도 점령, 로마 제국 영토 최대
120		122 이집트 반란, 하드리아누스 이집트 속주 장관에게 진압 명령
130	130 하드리아누스, 예루살렘을 로마식으로 개축 아일리아 카피톨리나로 개명 유다교도 할례 금지 131 바르 코크바와 랍비 아키바가 이끄는 유다교도의 봉기 132-135 바르 코크바 항쟁 132 로마가 예루살렘 장악 '예루살렘의 회복' 동전 주조 최고의회를 갈릴래아로 옮김 134 반란에 가담한 유다인들이 예루살렘에서 추방됨	130 하드리아누스, 유대(유다아) 시찰 131 이집트, 안티오키아와 에페소, 아테네 시찰 132 하드리아누스, 안티오키아로 출발 134 하드리아누스, 로마로 귀환 134 로마군이 예루살렘 함락 134 유다 속주의 이름을 '팔레스티나'로 바꿈 138 하드리아누스 사망 138 안토니누스 황제 즉위

성경을 **通通**으로 읽기

혼자 하는
렉시오 디비나 콘티누아

서울대교구 인가: 2025년 3월 27일
초판 1쇄 펴낸날: 2025년 7월 3일

지은이: 최안나
펴낸이: 나현오
펴낸곳: 성서와함께

주소: 06910 서울특별시 동작구 흑석로13길 7
전화: 02-822-0125~7 팩스: 02-822-0128
인터넷 서점: www.withbible.com
전자우편: order@withbible.com
등록번호 14-44(1987년 11월 25일)
-
ⓒ 최안나 2025
성경 ⓒ 한국천주교중앙협의회, 2025.
-
ISBN 978-89-7635-454-9 04230
       978-89-7635-921-6 (세트)
-
이 책에 실린 내용은 펴낸이의 허가 없이 전재 및 복제할 수 없습니다.